Ich und du und der Drache Fu

Geschichten und Gedichte von
Fredrik Vahle

Ich und du und der Drache Fu

Geschichten und Gedichte von
Fredrik Vahle

BELTZ
&Gelberg

Fredrik Vahle, geboren 1942, studierte Germanistik und Politik. Anschließend promovierte und habilitierte er. Zahlreiche Kinderhits, die längst zu Klassikern geworden sind, stammen aus seiner Feder. Er veröffentlicht Schallplatten, Lieder- und Kinderbücher, veranstaltet Workshops und lehrt als Dozent an der Universität Gießen.

Verena Ballhaus, geboren 1951, wuchs in München auf und studierte dort Malerei und Grafik. Sie arbeitete zunächst als Bühnenbildnerin und begann Mitte der 80er Jahre, Kinderbücher zu illustrieren.

www.beltz.de
© 2012 Beltz & Gelberg
in der Verlagsgruppe Beltz Weinheim · Basel
Alle Rechte vorbehalten
Einband- und Innenillustrationen: Verena Ballhaus
Einbandgestaltung: Doris Grüniger, Buch & Grafik, Zürich
Lektorat: Frauke Reitze
Typografie und Satz: Julia Rissler
Druck: Beltz Druckpartner GmbH & Co. KG, Hemsbach
Bindung: Beltz Bad Langensalza GmbH, Bad Langensalza
Printed in Germany
ISBN 978-3-407-82020-4
1 2 3 4 5   16 15 14 13 12

Inhalt

Morgens fängt der Frühling an
Vom Aufwachen, Anfangen und Loslegen

Morgenlied   **10**
Das Samenkorn   **11**
Frühlingsboten   **12**
Die Farben   **13**
Vorfrühlingsmusik   **14**
Jedes Kind hat eine Stimme   **15**
Manche Gedichte   **17**
Schnurre, Katze   **20**
Aufwachen   **21**
Tag und Nacht   **24**
Spiegel   **26**
Klitzekleine Krabbelkäfer   **27**
Nasenweisheit   **28**
Lilli Linse   **28**
Die vier getupften Teufelchen   **29**
Das Ei   **37**

Moment mal, murmelte Manni Mutius
Vom Tönen, Klingen, Hören und Horchen

Manni Mutius   **40**
Biene, Mensch und Meister Specht   **41**
Die Töne   **42**
Pauke, Posaune und Edeltraud   **43**
Kung Fu und Tu Tsie   **45**
Der Gang zum Gong   **51**
AAAIIIOOOEEEUUU   **52**
Welle-Wulle-Walle-Wolle   **55**
Einmal sprang der Frosch ins Wasser   **56**

Papa, was ist das? **57**
Singen, das geht so **62**
Papa Pepe Piepenpepper **64**
Herzmusik **65**
Ballade vom Ton **66**

Schnickelschnick und Heini Hupfer
Von wunderlichen und ganz normalen Tieren

Schnickelschnick, der kleine Schneck **70**
Kleine Krabbenkrabbelgeschichte **71**
Stubenfliegen **73**
Käfer und Fliege **74**
Rose & Käse **76**
Das Nachbar-Hase-Lied **78**
Nachbar Hase **79**
Hasen-Hip-Hop **83**
Der Drache Fu **84**
Heini Hupfer **86**
Onkel Rattes Rutschreim **87**
Die wundersame Wirkung von Sprache und Spucke **87**
Delphine sind seltsame Wesen **88**
Plopp **89**

Ein klitzekleines Wohlgefühl
Vom Ich und allem, was dazugehört

Das klitzekleine Wohlgefühl **92**
Wo komme ich her? **94**
Beine **94**
Bauchstreichelreim **95**
Klagelied eines Menschenbauchs **96**
Wule Waschbärs Fingerlied **100**
Die Geschichte vom vergesslichen König **101**
Kabutzkes Verwunderungslied **103**
Weiß der weiße Besserwisser **104**

Eine H-wie-Hauch-Geschichte **105**

Gedicht vom Ich **106**

Faul sein **110**

Liegen lassen **113**

Herzklopfen **116**

Vom Schweigen der Indianer **117**

Für den Stein in meiner Hand **118**

Mein Bleistift **119**

Geburtstagslied **120**

Ich **122**

Pitsch macht die Träne **122**

Von wo kommt das Glück? **123**

Werweißwo **124**

Das Wunder **125**

Wenn das Abendwolkenschaf nach Hause geht
Von Abendstunden, Runkelrüben und Glitzerschnee

Runkelrübenruppmaschinenreim **130**

Herbst **131**

Das Gewicht der Schneeflocke **132**

Gedicht über einen Herbsttag **134**

Plötzliche Flaggenhissung im Kirschbaum **134**

Kohlrabenschwarz auf ewiglich **135**

Die Geschichte vom Schnee-See **136**

Verse vom Schenken **141**

Gedicht für den allerkürzesten Tag des Jahres **142**

Liegevers **143**

Zum Gähnen **144**

Die Tiere sind traurig **145**

Lied der Eule **146**

Einschlafen **147**

Gedicht vom Einschlafen **153**

Mond, Mond **155**

Das Abendwolkenschaf **156**

Quellenverzeichnis **158**

Morgens fängt der Frühling an

Vom Aufwachen, Anfangen und Loslegen

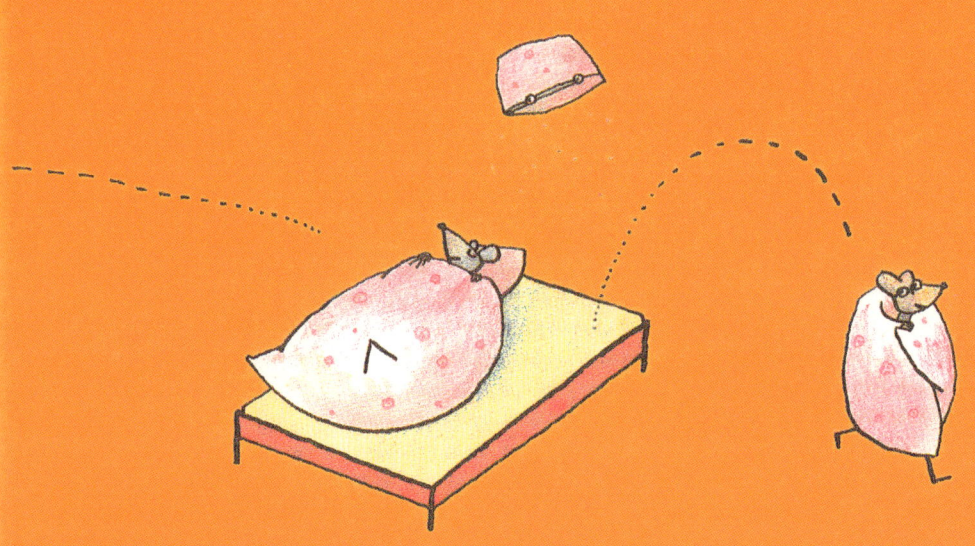

Morgenlied

Guten Morgen, liebe Sonne,
guten Morgen, liebes Bett,
guten Morgen, liebe Blume,
guten Morgen, Fensterbrett.

Guten Morgen, meine Ohren,
guten Morgen, jetzt und hier,
guten Morgen, liebes Fenster,
guten Morgen, Tisch und Tür.

Guten Morgen, liebes Gähnen,
guten Morgen, kleiner Zeh,
guten Morgen, meine Füße,
guten Morgen, schau, ich steh!

Das Samenkorn

Unter der Erde
ruhig und tief
lag es begraben
und schlief.
Die Erde
roch ein wenig nach Mist,
was auch im Frühling
nicht selten ist.
Da begann es zu spüren,
was warm und kalt,
was feucht und trocken
und auch, was oben und unten ist.
Und weil es erwachte
und nicht mehr schlief,
begann es zu wachsen
nach unten und oben,
der Himmel ist blau,
nach oben und unten,
die Erde ist tief.
Tief aus der Erde
dem Himmel zu –
Gras, Blume und Baum,
Fisch, Vogel und Kuh
und mittendrin
auch ich und du.

Frühlingsboten

Ich bringe den Frühling
im kalten Wind,
sagte die Meise
und sang geschwind.

Zizi bäh, zizi bäh!

Ich bringe den Frühling,
wie wunderbar,
auf der alten Eiche
verkündet's der Star.

Ich bringe den Frühling,
so weit ist die Welt,
jubilierte die Lerche
im freien Feld.

Ich singe den Frühling
aus südlichen Ländern,
schwatzte die Schwalbe,
viel wird sich ändern.

Ich bringe den Frühling
aufs sonnige Dach,
so sang die Amsel
und machte mich wach.

Die Farben

Vom Himmel das Blau,
von den Mäusen das Grau,
von Tomaten das Rot
und das Braune vom Brot,
grüne Wiesen dabei
und das Gelbe vom Ei.

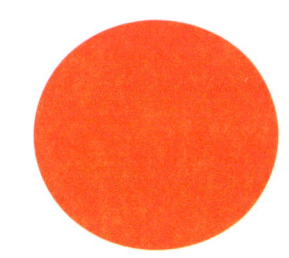

Vorfrühlingsmusik

Noch bevor die Meisen und die Stare beginnen,
fangen die Spechte an.
Einzeln und allein.
Trommeln und Trommeln …
Zu singen traut sich jetzt noch niemand.
Aber sie trommeln.
Auch ein Blinder würde jetzt hören,
dass er im Wald ist.
Trommeln und Trommeln …
Und horchen aufeinander und antworten.
Ein Mitten-im-Winterwald-Trommel-Konzert,
dass es dem Wald in den bemoosten Ohren klingt.
Und der wird es sicher dem Frühling weitersagen
und wir Menschenkinder freuen uns,
dass unsere Trommelfelle dieses Getrommel
überaus reizend finden …

Jedes Kind hat eine Stimme

Jedes Kind hat eine Stimme,
damit schreit es erst mal los,
denn es ahnt: Ich bin so klein
und die Welt ist riesengroß.

Jedes Kind hat eine Stimme,
damit brabbelt es sich froh,
kiekst und keckert, gluckst und schwätzt,
lala singen sowieso.

Jedes Kind hat eine Stimme,
kann zu Anfang »Mama« sagen,
mit dem Zeigefinger deuten
und dann bald »Was ist das?« fragen.

Jedes Kind hat eine Stimme,
Mama, Papa, da … oje,
lauter liebe erste Worte –
doch auf einmal sagt es:

Nee!

Willst du Happihappi?
Nee!
Willst du lecker Gluckgluck?
Nee!
Willst du lieber Klötzli spielen?
Nee!
Willst du Heia gehen?
Nee!
Nun sag doch endlich mal »Ja«!
Nee!
Jaa – nee – jaa – nee –
dann sag doch einfach mal »Nee«!
Ja?

Nein, jetzt ist es nicht mehr still.
Nein, jetzt weiß es, was es will.
Und ist das dann endlich da,
sagt das Kind auch endlich:

Jaa!

Manche Gedichte

Manche wollen erst mal klingen
und sie eignen sich zum Singen.
Ein Wort, das vorher einfach schwieg,
kommt in Schwung und wird Musik.

Manche sind zum Ganz-laut-Lachen
und Verrückte-Sachen-Machen.
Manche sind ein lieber Gast,
wenn du mal Geburtstag hast.

Manche sind so knall und kurz
wie ein schneller Hühnerfurz.
Manche bringen dich zum Schlafen,
warm wie Wolle von den Schafen.

Manche haben Rätselmacken,
die musst du wie Nüsse knacken.
Manche finden ihre Größe
als beherzte Denkanstöße.

Manche lesen sich gut vor,
findest du für sie ein Ohr.
Manche ham nur diesen Sinn,
führen dich zum Lauschen hin.

Manche pfeifen auf das Brave
in der Krixli-Kraxli-Sprache.
Die war vorher noch nicht da,
ist mindestens aus Afrika.

Manche sind für wenn-es-schneit,
für die Winterweihnachtszeit.
Manche sind ein Morgenkracher
und beliebter Muntermacher.

Manchmal, wenn du traurig bist,
wenn's so ist, wie es halt ist,
kommt dir ein Gedicht sehr nah,
ist zum Trösten für dich da.

Manche führn dich zur Genüge
ein in deine Atemzüge.
Atme ein und atme aus,
in dir selbst bist du zu Haus.

Und bei manchen sagst du: »Huch,
das ist ja ein Zauberspruch!«
Manche musst du extra sichten,
die erzählen dir Geschichten.

Gedicht

Manche deuten auf das Land
– hinter jedem Tellerrand –,
wo kein Denken je hinführt,
das nur da ist, wenn man's spürt.

Alle sind mal so, mal so –
komisch schräg und wunderlich.
Aber alle … wie sie da sind,
warten jetzt auf wen?
Auf dich!

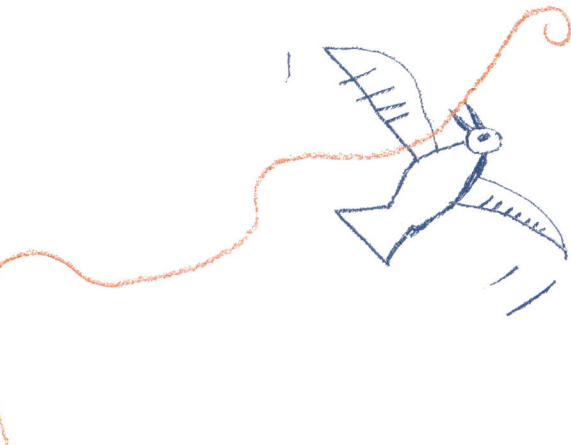

Schnurre, Katze

Schnurre, Katze, schnurr du nur,
leise tickt die Küchenuhr
und der Wecker ist ganz still,
weil er niemand wecken will.

Doch der Katzenschwanz, der regt sich.
Ja, ich seh es, er bewegt sich …

Da, mit der Schwanzspitze, schwipp,
gibt sie der Luft einen Tipp
und aus ihrer rosa Schnauze
miautse.

Aufwachen

Eine Mäusegeschichte

Es ist Morgen ... und wie!
Morgens ist die Welt noch ganz frisch.
Alles ist wie zum ersten Mal da.
Kabutzke und Luzi wachen gerade auf.
Kabutzke ist ein Mauserich und Luzi eine Maus.

»Es ist so schön, morgens noch ein bisschen im Bett zu liegen«, sagt Luzi. »Man weiß noch nicht, wer man ist und wie man heißt, aber man ist trotzdem schon da. Man kann Dinge sehen oder mit dem Nachdenken anfangen oder einfach gähnen und lange liegen bleiben und an gar nichts denken. Huuah!«

»Waaas?!«, ruft Kabutzke. Er ist kaum aufgewacht, da steht er schon senkrecht im Bett. »Aufwachen heißt: nicht liegen bleiben. Aufwachen heißt: aufstehen, sich strecken und recken. Und sich recken heißt: groß werden. Aufstehen heißt auch, zum Fenster gehen, gucken, was die Welt so macht, und dann tief durchatmen. So, wie ich es jetzt mache.« Und schon läuft Kabutzke ans Fenster. »Ih, kein schönes Wetter, und so ein hässlicher Wind.«

»Vielleicht bist du zu früh und mit links aufgestanden, wenn du dich gleich ärgerst. Du brauchst doch nicht aus dem Bett zu springen, als hätte dich eine Biene gestochen.

Es gibt Leute, die stehen ganz anders auf als du«, sagt Luzi.

»Wer denn?«, fragt Kabutzke.

»Na, Elefantens, die wälzen sich aus dem Bett. Und der Rabe auf seinem Schlafbaum, was macht der? Der reckt seinen Flügel und streckt sein Bein und dann sitzt er da im Sonnenschein.«

»Und bei Nachbar Hase? Wie bei dem der Tag wohl anfängt?«, fragt Kabutzke.

»Ich glaube, der streckt erst mal seine Löffel hoch. Dann lauscht und schnuppert er eine Weile in den Morgen hinein. Und dann setzt er sich gemächlich auf die Bettkante, bevor er aufsteht und seine Frühstücksmohrrübe zubereitet.«

»Gut, gut«, sagt Kabutzke. »Aber mir wird es langsam kalt hier vor dem offenen Fenster.«

»Ob du es schaffst, vom Fensterbrett bis ins Bett zu springen?«

»Ein kleiner Sprung ins Bett wäre immerhin ganz nett«, sagt Kabutzke und hüpft – schwups – in die Kissen.

»So«, sagt Luzi, »da bist du ja wieder. Aber weißt du denn eigentlich noch, wie du aufgewacht bist? Und weißt du noch, was dich wach gemacht hat?«

Kabutzke überlegt: »Nein, das weiß ich nicht.«

»Die Vögel draußen?

Die Autogeräusche?

Nachbar Hases Handy?

Regentropfen auf dem Fensterbrett?« Luzi lässt nicht locker.

»Ich werde aufpassen«, sagt Kabutzke, »das macht mich neugierig. Gleich morgen früh werde ich aufpassen.«

»Aber jetzt …«

»Was jetzt?«

»Jetzt müssen wir erst einmal aufstehen«, sagt Luzi und – schwups – ist sie als Erste aus dem Bett.

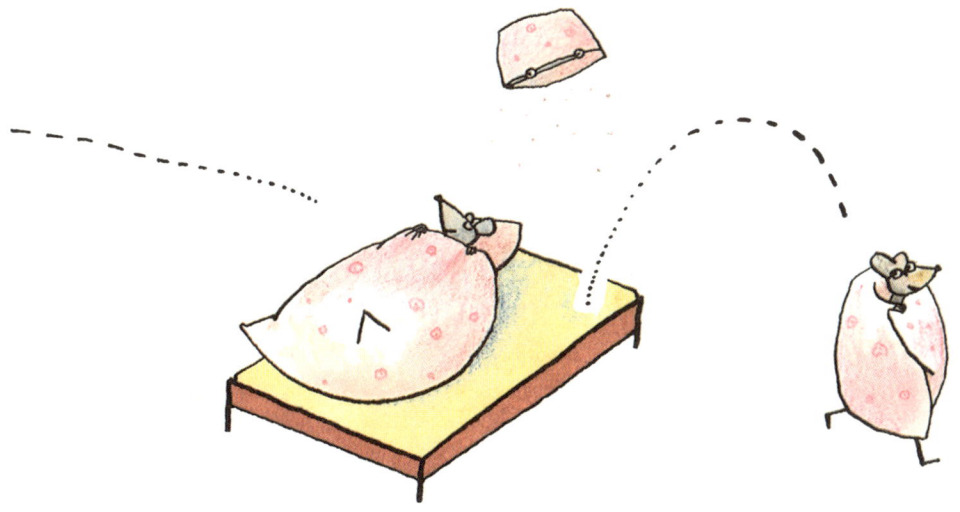

Tag und Nacht

Ganz langsam und sacht
kommt der Tag aus der Nacht.

Er sagt: »Ich schleich mich leise ran,
damit's die Nacht nicht merken kann.
Und dann steh ich schon auf dem Sprung
in der Morgendämmerung.«

Der Tag, er blinzelt, strahlt und lacht,
hat alles rundrum hell gemacht.
Dann ruft er morgenfrisch: »Hurra!
Jawoll, jetzt bin ich dicke da!«

Dann macht der Tag sich lang und breit.
Jetzt ist er dran, hat so viel Zeit.
Die Nacht ist nun für viele Stunden
im Was-weiß-ich-denn-wo verschwunden.

Er ruft ihr nach: »Du sollst verschwindien
bis ganz weit weg, bis hinter Indien!«
Doch irgendwie tut's ihm auch leid,
denn jedes Ding hat seine Zeit.

Drum sagt der Tag: »Auf Wiedersehn!«,
das klingt versöhnlich, das ist schön.
Und, dass die Nacht es gut versteht:
»Vor heute Abend nicht, wenn's geht!«

Die Sonne hoch im Himmel lacht
– sie weiß, dass sich die Erde dreht –
und hat dann auch aus diesem Tag
'ne schöne dunkle Nacht gemacht.

Spiegel

Ich schau in den Spiegel
und sehe mich an
und sehe,
dass ich mich sehen kann.
Und sehe
und sehe,
das gibt's doch nicht,
ich sehe mich an in mein eignes Gesicht.
Wer sieht wen an?
Der im Spiegel mich?
Das ist schon ein wenig verwunderlich.
Oder ich ihn, so zu ihm hin?
Weiß der denn da,
wer ich eigentlich bin?
Bin ich so oder so,
mal traurig, mal froh,
mal kalt, mal warm,
mal nachdenksam.

Er schaut mich an
und ich sag: Guten Tag,
er grüßt mich auch,
worauf ich nur sag,
dass ich den doch eigentlich
ganz gern mag …
Ich lächle ein kleines gütiges Stück
und aus dem Spiegel lächelt's zurück …

Klitzekleine Krabbelkäfer

Ki Ka Ku
Kaki Kaki Ku

Klitzekleine Krabbelkäfer
können keine Kiste Kekse kaufen,
können aber kinderleicht und keck
kunterbunte Kichererbsen
in die Kakerlakenkacke kullern.

Ki Ka Ku
Kaki Kaki Ku.

Nasenweisheit

Da war mal eine Mutter,
die sprach zu ihrem Kind:
»Wer morgens nicht nach Seife riecht,
der stinkt, jawohl, der stinkt.«

Da sagt das Kind: »Wieso denn?
Jetzt sag ich was zu dir:
Ich stinke nicht, ich stinke nicht,
ich riech nach mir.«

Lilli Linse

Lila Lula
Lola Lilli
Lilli Linse ließ
links der Linde,
längs der Lahn
lauter lila Luftballons
langsam, leise,
listig lächelnd
in die lauen Lüfte …
looos.

Lalu lalalla lalula

Die vier getupften Teufelchen

Eine Geschichte über Hölle und Himmel, frei erzählt nach einer Idee von Manfred Kyber

In der Hölle ist wenig Platz zum Spielen. Das wussten die vier kleinen Teufelchen. Die großen Teufel hatten den ganzen Tag damit zu tun, das Höllenfeuer entsetzlich heiß zu machen und von morgens bis abends böse zu sein. Und so was ist sehr anstrengend. Und da kommt so einem großen Teufel das Spielen erst gar nicht in den Sinn.

Aber die kleinen Teufel waren ja noch Kinder. Und Kinder finden immer einen Platz zum Spielen. Auch wenn erst mal gar keiner da ist. Also: Die vier kleinen Teufelchen hatten sich den großen Höllenschornstein ausgeguckt. Und darin kletterten sie und rutschten sie den lieben langen Tag rauf und runter.

Des Teufels Großmutter, die eigentlich auf die kleinen Teufelchen aufpassen musste, sah sie erst am Abend. Und da waren sie gewöhnlich ganz schwarz vor lauter Ruß.

»Ein richtiger Teufel braucht ein schwarzes Fell«, sagte sie, »und wenn es noch schwärzer als schwarz ist, umso besser.«

Man muss dazu sagen, dass das Kleinste sogar so klein war, dass man es nur durch ein Vergrößerungsglas erkennen konnte. Aber langsam wurden sie größer und fingen an, sich für mehr zu interessieren als rutschen, klettern und sich das Gesicht schwarz machen. Sie entdeckten die Musik, die Höllenmusik natürlich. Der Größte von den Kleinen blies stechend hell die Trillerpfeife. Der Zweite auf der Quäktrompete die schrägsten Töne, die man sich nur vorstellen kann, das Dritte machte ein entsetzlich lautes Tschingderassabum mit Topfdeckeln und einem alten, großen und verbeulten Topf, den es der Großmutter des Teufels aus ihrer Küche stibitzt hatte. Na ja, und der ganz Kleine, der spielte zwei herzallerliebste Rasselchen. Die waren nicht besonders laut. Man merkte aber sofort, wenn sie fehlten.

Und die Teufelchen, auch das allerkleinste, wurden von Tag zu Tag neugieriger. Sie wurden neugierig auf all die Töne, die man auf der Trillerpfeife, der Quäktrompete, den Topfdeckeln und dem herzallerliebsten Rasselchen machen konnte. Allein, zu zweit, zu dritt und zu viert. Und das alles machte ihnen Mut und brachte sie so richtig in Schwung.

Und eines Tages kamen sie sogar auf eine ganz neue Idee. Sie wollten wissen, was man da eigentlich sieht, wenn man oben aus dem Höllenschornstein rausguckt. Dabei hatte sie des Teufels Großmutter von Kind auf davor gewarnt. Richtige Schauergeschichten hatte sie erzählt und das konnte sie sehr gut.

»Da oben ist so viel Licht, dass euch die Augen fast verbrennen, so grell ist das!«

»Wie schrecklich!«, riefen die kleinen Teufelchen.

»Da oben ist eine Welt mit vielen bunten Farben, dass ihr Magenkrämpfe bekommt!«

»Wie schrecklich!«, sagten die kleinen Teufelchen.

»Da oben gibt es Blumen, die riechen so sehr, dass euch die Nase abfällt!«

»Wie schrecklich!«, sagten die Teufelchen und hielten ihre Nasen fest.

Aber irgendwann glaubten sie der Großmutter des Teufels die Schauergeschichten nicht mehr und sagten nur noch ›Wie schrecklich!‹, weil sie dann hinterher in Ruhe spielen konnten.

Also, eines Tages machten die vier kleinen Teufelchen eine Expedition nach oben. Eines hängte sich an den Schwanz des anderen. Das kleinste Teufelchen zuletzt und auch ihre Musikinstrumente hatten sie mitgenommen.

Als sie aus dem Schornstein herausguckten, war es wirklich sehr hell und sie konnten eine ganze Weile nur blinzeln. Doch dann sahen sie, dass da eine Welt war mit vielen bunten Farben und Blumen und Bergen. Und dass das ein Himmel war mit Wolken und einer Sonne. Und eine Wolke kam angesegelt und die vier kleinen Teufel konnten mitfahren … direkt in den Himmel. Und als sie im Himmel waren, sahen sie die vielen kleinen Engelchen, die spielten gerade Wolkenhüpfen und Verstecken und beachteten die kleinen Teufelchen zuerst gar nicht. Da packten die kleinen Teufelchen ihre Musikinstrumente aus und: Schmettereteng, Bum, Bum … so machten sie eine richtig schöne

Höllenmusik. Und da wurden die kleinen Engelchen dann doch neugierig und flogen herbei.

»Ihr seid ja ganz schwarz«, sagten die kleinen Engelchen, »und habt hinten einen Schwanz. So was gibt's doch gar nicht!«, sagten die Engelchen.

»Uns gibt's schon!«, sagten die vier kleinen Teufel, »wir sind vier kleine Teufel und kommen aus der Hölle!«

»Aha«, sagten die Engelchen, »aber jetzt seid ihr im Himmel und im Himmel wird nicht geflunkert. Ihr seid nämlich nur drei! Das sehen wir genau.«

Da sagte das größte Teufelchen: »Wir sind vier, aber unseren Kleinsten kann man nur durch ein Vergrößerungsglas erkennen.«

Da holten die Engelchen ein großes Vergrößerungsglas und konnten wirklich sehen, dass die Teufelchen zu viert gekommen waren. Und gar nicht geflunkert hatten. Und außerdem gleich beim Wolkenhüpfen und Versteckspielen mitmachten und sich so gut mit den Engelchen verstanden, dass sie nach und nach weiße Tupfen bekamen und sehr lustig aussahen. Sich aber dann doch an ihre Großmutter erinnerten und schnell nach Hause in die Hölle mussten.

»Schau mal, wie schön wir aussehen«, sagten die Teufelchen zu ihrer Großmutter.

»Potz-Donner-Ruß-und-Rabenaas!«, rief die entsetzt. »Ihr seht ja fürchterlich aus. Seid ihr in die Mehlkiste gefallen oder habt ihr mit den Engelchen gespielt?«

»Wir haben mit den Engelchen Wolkenhüpfen gespielt und uns ist gar nicht schwindelig geworden!«

»Schreck, lass nach!«, rief des Teufels Großmutter und steckte sie in den heißen Badezuber, um mit einer großen, harten Borstenbürste die weißen Tupfen wegzubürsten. Nur für das Allerkleinste hat sie die Zahnbürste genommen. Aber die weißen Tupfen blieben. Da schmierte des Teufels Großmutter die vier kleinen Teufelchen mit pechschwarzer Schuhwichse ein, damit die großen Teufel auch ja nichts vom Ausflug in den Himmel merkten.

Aber am nächsten Tag waren die vier kleinen Teufelchen schon wieder unterwegs. Sie waren ja so schwarz, dass sie in dem großen Höllenschornstein gar nicht auffielen. Und die Engelchen oben im Himmel, die hatten schon ge-

wartet. Und die vier Teufelchen hatten wieder in einem
alten Kartoffelsack ihre Musikinstrumente mitgebracht.
Die Trillerpfeife, die Quäktrompete, die Kochtopftrommel
und die herzallerliebsten Rasselchen. Und sie legten auch
gleich los, so schön schräg, wie es die Engelchen noch nie
gehört hatten. Zuerst hielten sich die Engelchen die Ohren
zu. Und dann stellten sie sich im Chor auf, um zu singen,
und sie sangen so schön, dass es durch den ganzen Himmel klang, und machten dabei ganz fromme Gesichter. Die
kleinen Teufel hörten zuerst andächtig zu. Aber als das
Singen mehrstimmig wurde und immer bewegter, griffen
die Teufelchen wieder zu ihren Musikinstrumenten und
machten einfach mit. Und tanzten sogar dazu! Das wunderte die Engelchen und sie hätten beinahe aufgehört mit
dem Singen. Denn beim Singen tanzt man doch nicht. Da
steht man still und macht ein frommes Gesicht. Aber dann
merkten die Engelchen auch, dass die Musik der Teufelchen gar nicht so schlecht war. Und ein Engelchen nach
dem anderen fing an zu tanzen und sang einfach weiter.

Und alle zusammen machten eine Musik, dass die Wolken wackelten. Und am schönsten fanden die Engelchen die herzallerliebsten Rasselchen. Und als sie so richtig losrasselten, waren sie ganz glücklich und aus den Engelchen wäre fast eine Rasselbande geworden. Aber nach und nach fingen auch die Teufelchen an zu singen. Und am Schluss war es ein höllisch gutes Himmelskonzert. Davon bekamen die Teufelchen über und über engelweiße Tupfen und waren gar keine richtigen Teufelchen mehr. Und die Engelchen bewegten sich zu der Musik, wie sie es vorher noch nie getan hatten.

Da guckten sogar die großen Oberteufel und sogar des Teufels Großmutter aus dem Höllenschornstein heraus und hörten zu. Und die großen Engel standen ganz andächtig da und lauschten. Und vielleicht haben sich die Großen sogar ein Beispiel an den Kindern genommen, denn das ist der Weg, auf dem auch die Großen zu sich selbst kommen können.

Und das war auch der Grund, warum es zu dieser Stunde überall auf der Erde ganz friedlich zuging und Krieg und böser Streit wie weggeblasen waren und alle kleinen und großen Tiere und alle Menschen dazu in den Himmel hinaufhorchten und sich über diese große lebendige und quietschvergnügte Himmelmusik freuten.

Das Ei

Das Huhn,
das hat mich Stück für Stück
aus seinem Hühnerpo gedrückt.
Dann hat es mich stolz angesehn
und fand mich unbeschreiblich schön.
Und in mir steckt ganz nebenbei –
das Gelbe vom Ei.

Moment mal,
murmelte Manni Mutius

Vom Tönen, Klingen, Hören und Horchen

 LA LA

Manni Mutius

Moment mal,
murmelte Manni Mutius:
Meine Mama meckert,
mein Murmeltier munkelt,
meine Mieze miaut,
mein Meerschweinchen mauschelt.
Moni und Mimi meinen:
Minne am Mummelsee
macht miese Mienen munter,
mindestens, wenn nicht mehr.
Mannomann, meint Manni Mutius,
und alles am Montagmorgen –
mmh!

Biene, Mensch und Meister Specht

Wie die Bienen summen
und die Hummeln brummen,
wie die Zikaden geigen,
ist ihnen ganz zu eigen.

Und wie die Frösche quaken
und schnappen nach den Schnaken.
Und dann im Wald in echt,
da trommelt Meister Specht.

So wie die Glocken klingen
und wie wir Menschen singen,
das ist uns ganz zu eigen,
das wollen wir allen zeigen.

So unten und so oben,
den großen Klang zu loben,
der Himmel, Sterne, alle Welt
umrundet und zusammenhält.

Ein Lied im großen Weltgesang
für diese Schöpfung, diese Erde,
dass Menschen endlich Menschen sind
und das, was werden will, auch werde.

Die Töne

Ein Ton, der sprach zum andern:
»Komm mit, wir gehen wandern.
Wir müssen raus aus dem alten Mief,
du klingst schon ganz krumm und ich klinge schief.«

Sie krochen in eine Flöte hinein,
und als sie herauskamen, klangen sie fein.
Sie klangen einsam zurück und vor
und suchten beide verzweifelt ein Ohr.

Dann haben die beiden gleich zwei gefunden
und jeder ist in einem verschwunden.
Und zwischen den Ohren, da war ein Gesicht,
das freute sich plötzlich ganz königlich.

Und der eine Ton sagte zum andern: »Kiek,
jetzt ham wir's geschafft!
Jetzt sind wir
Musik!«

Pauke, Posaune und Edeltraud

Das Zirpen einer Meise,
das Trippeln einer Maus,
ein Tropfen, der tropft,
und der Wind ums Haus.

Mein Atem. Das Gähnen.
Die Waschmaschine.
Die Wespe am Fenster.
Das Summen der Biene.

Autohupe und Rasenmäher.
Kuckuck, Elster
und Eichelhäher.

Ein Löwe, der brüllt,
ein Tiger, der faucht,
eine Schlange, die zischt:
Worte leis … fast gehaucht.

Pauke, Posaune und
Edeltraud.
Wer was will, der wird auf seine Art laut.

Wecker, Trompete und
Telefon.
Jedes Ding hat
seinen eigenen Ton.

Doch da …
nun quietscht es,
das Gartentor.
Du bist da
und ich höre dich
ganz genau.
Danke, danke,
liebes Ohr.

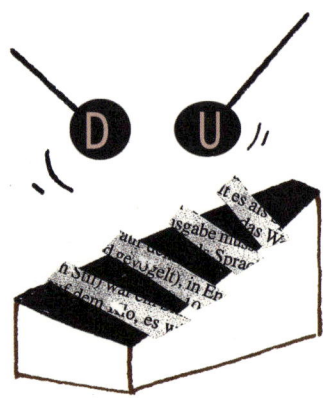

Kung Fu und Tu Tsie

oder: Die drei Geheimnisse

Es lebte einmal vor langer Zeit in China ein König, der war sehr mächtig und sehr stark und hieß Kung Fu. Kung Fu hatte einen Ratgeber, der war sehr klug und sehr weise und hieß Tu Tsie.

Einmal wollte Kung Fu Tu Tsie auf die Probe stellen. Er wusste, dass Tu Tsie mit anderen weisen Männern befreundet war, die oft schon über hundert Jahre alt waren. Also sagte er zu Tu Tsie: »Geh und erkunde mir das Geheimnis der kleinen Kinder!«

»Der ganz kleinen Kinder?«, fragte Tu Tsie verwundert.

»Jawohl, der ganz kleinen Kinder!«

»Die noch nicht einmal sprechen können?«

»Genau die!«

»Die in die Windel machen und stundenlang schreien?«

»Genau die! Geh also hin, sage kein Wort und lausche!«

Also zog Tu Tsie auf seine alten Tage hinaus zu den kleinen Kindern. Es verging geraume Zeit, aber dann kam Tu Tsie wieder. Kung Fu fragte nach dem Geheimnis der kleinen Kinder und Tu Tsie antwortete:

»Hör die kleinen Kinder an! Sie können die ganze Nacht lang schreien, ohne heiser zu werden. So sehr sind sie im Einklang mit sich selbst!«

»Eine kluge Antwort«, sagte Kung Fu, »aber das reicht mir noch nicht.«

Kung Fu hatte Tu Tsie noch nie singen gehört. Also sagte er zu Tu Tsie: »Geh und erkunde mir das Geheimnis des Singens.«

Tu Tsie legte die Hand ans Ohr und sagte: »Wie bitte?«

»Das Geheimnis des Siiinnngens«, sang Kung Fu jetzt selber, um seine Forderung musikalisch zu unterstreichen.

»Das werde ich dann auch tuuuhun!«, sang Tu Tsie, so gut er konnte, zurück.

Dabei bemerkte Tu Tsie, dass er sich beim Singen aufrichtete, dass jetzt auch sein Herz bei der Sache war und dass er keine Angst mehr hatte, die schwierige Aufgabe zu lösen. Aber das behielt er für sich. Vielleicht gehörte es schon zum Geheimnis des Singens.

Er machte sich auf den Weg, und als er noch überlegte, wie er dem Singen auf die Schliche kommen könnte, hörte er die Vögel singen. Er traf als Erstes den Raben. Der konnte krächzen und machte einige seltsame Quorr- und Quürr-Laute. Ein richtiger Gesang war das noch nicht. Aber der Rabe war klug und konnte helfen. Er sagte: »Geh nur deinen Weg weiter. Da wirst du zu einem großen Busch kommen. Da ist einer, der singt, dass man's weithin hört. Der kann dir Auskunft geben.«

Tu Tsie kam zu dem Busch, hörte ein laut geschmetter-

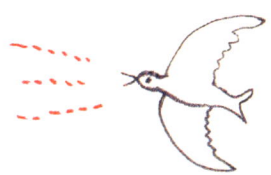

tes Lied. Aber er sah niemand. Er blickte von oben, von unten, von rechts und links in den Busch hinein. Aber er sah niemand. Endlich entdeckte er ein kleines braunes Vögelchen. Das war kein anderer als der Zaunkönig und den fragte er.

»Singen, wie einem der Schnabel gewachsen ist«, sagte der Zaunkönig, »und seinen eigenen Ton singen. Und der muss von Herzen kommen. Und dazu braucht man überhaupt keine große Bühne!« Und dann sagte er: »Geh deinen Weg weiter, der führt dich auf's freie Feld. Da triffst du einen Vogel, der hoch hinaufliegt und dabei singt.«

Tu Tsie dachte zuerst an einen Adler. Aber einen Adler hatte er noch nie singen hören. Also machte er sich neugierig auf den Weg. Er kam hinaus ins freie Feld und sah auch einen Vogel, der hoch hinaufflog und dabei jubilierte und tirilierte wie sonst nix.

Der Vogel war viel kleiner als ein Adler, aber er flog hoch in die Wolken hinauf. Und als er zurück zur Erde kam, sang er immer noch.

Es war die Lerche und die Lerche sagte zu Tu Tsie:

»Das Singen, das Singen, das Singen? Es verbindet die Erde mit dem Himmel und den Himmel mit der Erde. Und selbst wer keine Flügel hat, fühlt sich vom Singen beflügelt. Aber«, sagte die Lerche, »du kannst doch auch deinesgleichen fragen. Frage einen Sänger, vielleicht sagt er dir noch ganz andere Dinge.«

Und Tu Tsie ging zum berühmtesten Sänger des Landes und fragte ihn. Der Sänger sagte: »Kein großes Geheimnis. Noch bevor ich geboren wurde, habe ich das Herz und die Stimme meiner Mutter gehört. Und als ich dann ein kleines Kind war, hörte ich meine Mutter singen. Und sie sang zu mir aus ganzem Herzen. Also fing ich an, selber zu singen, und ich war ihr dankbar. Ich sang auch, wenn ich allein war und wenn ich Angst hatte und traurig war. Das hat mir geholfen. Meine Stimme entwickelte sich und ich hatte den Mut, auch vor vielen Leuten zu singen. Das ist das ganze Geheimnis.«

Tu Tsie bedankte sich bei dem Sänger, ging zurück den langen Weg und erzählte Kung Fu alles, was er gehört hatte.

Kung Fu war zunächst sehr zufrieden. Aber dann sagte er: »Singen ist nur die halbe Musik. Geh und baue mir ein Musikinstrument, in dem der Bambus dem Kürbis und der Kürbis dem Bambus begegnet.« Dann warf er Tu Tsie einen hohlen Flaschenkürbis und drei Bambusstäbe hin.

Tu Tsie hatte noch nie ein Musikinstrument gebaut. Aber er wusste sich zu helfen. Er ging auf den Markt zum Schlangenbeschwörer. Der war von weit her aus dem Lande Indien und der wusste, wie man so eine Flöte baut. Als sie fertig war, ging Tu Tsie zu Kung Fu.

Und er spielte sogar auf der Flöte. Die Flöte klang manchmal sogar so laut wie ein Dudelsack. Und Tu Tsie konnte darauf sogar zwei Töne auf einmal spielen.

Kung Fu hörte staunend zu. Seine Freude über die Musik war so groß, dass er ganz vergaß, Tu Tsie noch einmal auf die Probe zu stellen. Und deshalb ist die Geschichte von Kung Fu und Tu Tsie jetzt zu Ende.

Der Gang zum Gong

Ich ging den Gang zum Gong entlang,
den Gang zum Gong ging ich entlang
und nahm den Schwengel und da klang
der Gong im Gang den Gang entlang,
bis dass im Gang der Gong verklang,
erklang im Gang der Gong so lang.

G
I
N
G

G
E
N
G

G
A
N
G

G
U
N
G

G
O
N
G

AAAIIIOOOEEEUUU

Jetzt geht's los,
da bist du ja.
Wie wär's, du sagst einfach mal
laut klingend:

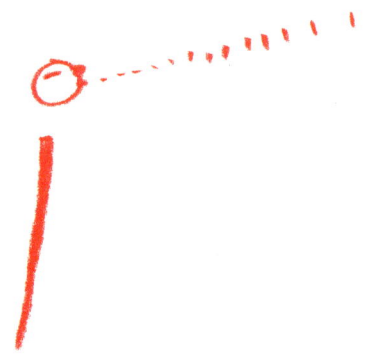

Was? Du winkst ab
und sagst: Jedenfalls
mach ich kein A,
denn ich hab nix im Hals.
Ein A auf Befehl,
das mach ich nicht, nie!
Na gut, wenn's zu viel ist,
probier doch mal einfach
ein spindeldürrwinziges,
stichnadelfeines,
schädeldeckenvibrierendes

Du schmunzelst und sagst bedächtig:
Wiesoooo?
Dann eben ein glockentoniges,
bauchwadroniges,
rundmundtoniges,
mit Staunen belohnendes:

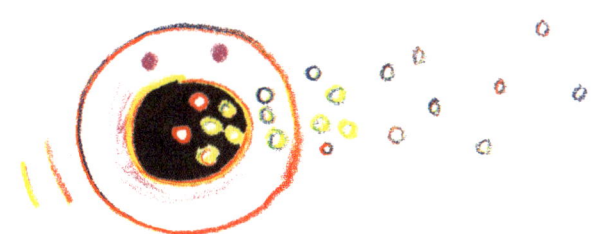

Du schüttelst den Kopf
und sagst einfach: Nee!
Da ist sie schon,
meine nächste Idee!
Wie wär's dann mit einem kehlkopfbelebenden,
redselig strebenden,
her und hin schwebenden

Jetzt sagst du wütend:
Hör auf mit dem Schmuh!
Genau das brauch ich,
wer sagt es mir? Du!
Es kommt nämlich tief aus dem Menschenbauch.

Unke und Uhu rufen es auch.
Es kommt aus der Kuh
und steckt drin in Schuh.
Dieses schwerbäuchig runde,
schmunkunkelnde

Ich frage: Was willst du?
Da sagst du: Ahaa!
Das war kurz und gut
und gleich dreimal das

Welle-Wulle-Walle-Wolle

Welle Wulle Walle Wolle
Welle Wulle Walle
Wup.

Wohlige Wellen
werden wallen wollen,
wenn wieder und wieder
wackere Winde westwärts wehn,
werden wohlige Wellen
wallen wollen.

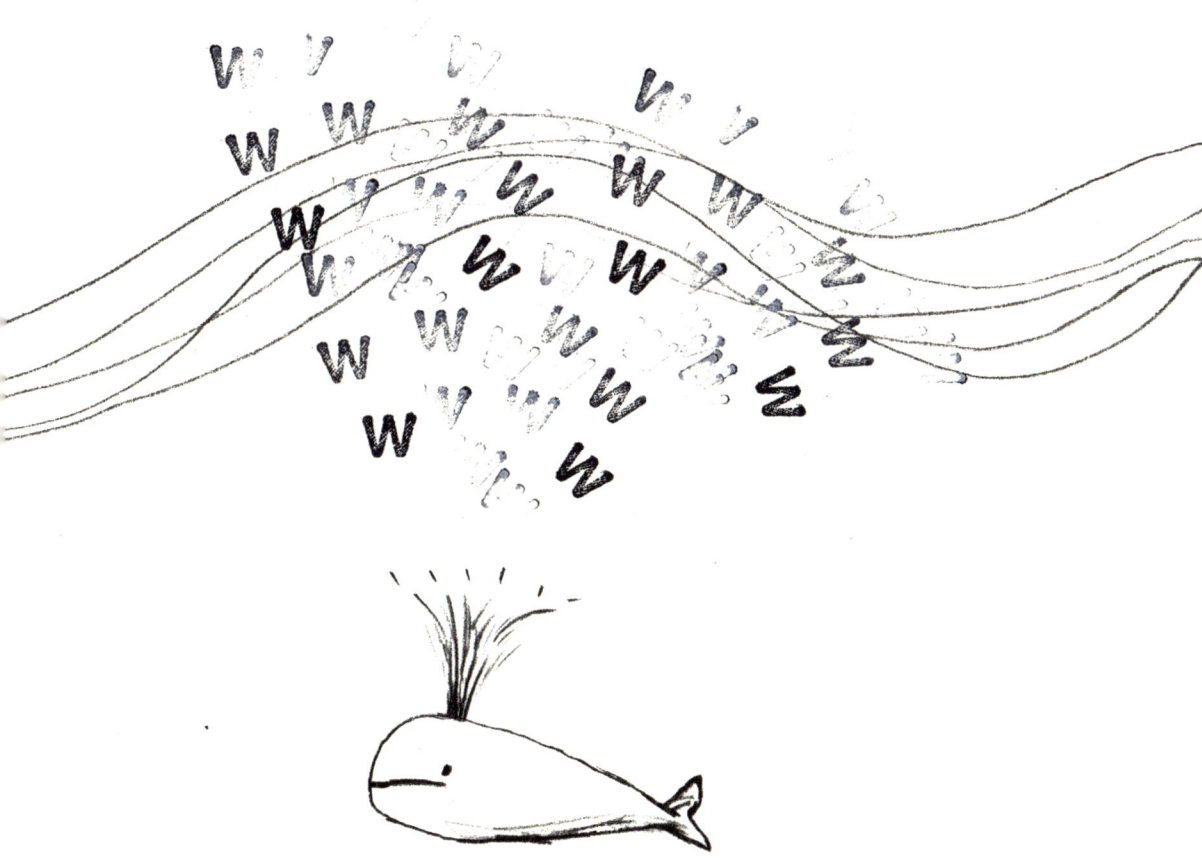

Einmal sprang der Frosch ins Wasser

Einmal sprang der Frosch ins Wasser,
überlegte lang.
Sprang bedächtig – plopp – hinein,
schöner Wasserklang.

Einmal sprang der Frosch ins Wasser,
eine schnelle Tat,
und das Wasser plitscht und platscht,
kühles Wasserbad.

Einmal sprang der Frosch ins Wasser,
hoch im schönen Bogen.
Wenn er jetzt noch Flügel hätt,
wär er fortgeflogen.

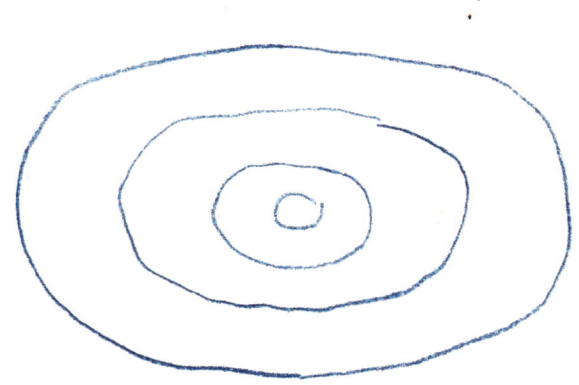

Papa, was ist das?

Es war einmal ein großer Wald.

Und in der Mitte des Waldes war eine Lichtung. Und in der Mitte der Lichtung war ein Teich.

Und auf dem Teich schwamm ein großes Seerosenblatt.

Auf dem Seerosenblatt saßen ein großer und ein kleiner Frosch. Und der große Frosch quakte stundenlang. Und als er einmal Pause machte, fragte der kleine Frosch:

»Papa, warum quakst du denn immerzu?«

»Quaken macht stark«, sagte der Große.

»Sonst noch was?«

»Wer nicht quakt, ist kein richtiger Frosch.«

»Sonst noch was?«

»Ohne mein Quaken hätte ich deine Mama gar nicht kennengelernt. Und du wärst gar nicht da. Basta. Und nix sonst-noch-was!«

Dann quakte er weiter, so laut und so lange er konnte.

Aber als er dann aufhörte, erklang plötzlich ein eigenartiger Ton.

Ein zartes »U« wie ein heimlicher Glockenton, der die ganze Gegend verzauberte.

Immer wieder erklang der seltsame Ton. Nach einer Weile fragte der kleine Frosch: »Papa, was ist das?«

»Das geht uns nix an. Das ist kein richtiger Frosch«, sagte der große Frosch.

»Aber irgendwie ist der Ton schön«, sagte der kleine Frosch, »und ich will wissen, wo der Ton herkommt und wer so einen Ton macht!«

Der kleine Frosch ließ nicht locker und so schwammen der große und der kleine Frosch schließlich zum Ufer und sie fanden da, wo das Teichufer am sumpfigsten ist, eine Unke. Als die Unke die beiden Frösche sah, machte sie »U« – wieder so sanft und schön wie vorher. Und der kleine Frosch sah, dass sie goldene Augen hatte.

»Kannst du eigentlich noch was anderes außer ›U‹?«, fragte der große Frosch.

»U«, sagte die Unke.

Da wurde der Frosch wütend und laut. »Kannst du denn nicht anständig quaken wie jeder, der auf dem Teich was werden will? Q u a k e n, verstehst du?«

»U«, machte die Unke.

»Du sagen, warum du nicht quaken!«, schrie der Frosch.

Da sagt die Unke leise: »Es ist mein eigener Ton. Ich weiß keinen anderen.«

Da lachte der große Frosch, so laut er konnte, und sagte: »Mit so einem Geistergetön kann man wirklich nichts werden! Ha…ha…ha!«

Weil der Frosch so laut wurde, wurde ein Kuckuck aufmerksam und flog herbei, was es da wohl gäbe. »Aha«, sagte er, »das Reptiliengesindel ist sich wieder mal nicht einig. Dabei ist einer so eintönig wie der andere. Der eine

laut und der andere leise. Immer denselben Ton quaken.
Das ist so was von primitiv!«, sagte der Kuckuck und rief
laut und vernehmlich: »Ku-kuck! Habt ihr's gehört? Zwei
Töne sind das. Zwei verschiedene Töne. Der eine etwas
höher, der andere etwas niedriger. Schon fast eine Melodie.
Schon fast Musik! Und die Menschensprache, die fängt
auch mit zwei Tönen an. Ma-ma, Pa-pa, da-da, sagen die
Menschenkinder, wenn sie anfangen zu sprechen. Und die
Menschenmütter sagen zu ihren Kindern oft ›Kuckuck‹.
Sonst würden sie die Menschensprache vielleicht gar nicht
lernen.«

Zuerst waren die beiden Frösche und die Unke etwas eingeschüchtert. Aber dann sagte der große Frosch: »Das haben wir gerne! Von Familie sprechen und dabei die eigenen Eier in anderer Leute Nester legen. Das haben wir gerne, in anderer Leute Nester, wo sie gar nicht hingehören!«

»Entschuldigung«, sagte da der Kuckuck, »das bin schließlich nicht ich, sondern meine Frau, die so was macht. Außerdem: Kümmerst du dich denn um deine Kinder, wenn sie Kaulquappen sind?«

»Aber warum macht denn deine Frau so was?«, fragte jetzt der Frosch.

»Weil sie ihre Freiheit will, genau wie ich auch«, meinte der Kuckuck.

»Hast du keine Angst, dass aus deinem Kind eine Wasseramsel oder ein Distelfink wird?«

»Na ja, Fremdsprachen müssen meine Kinder schon lernen«, sagte der Kuckuck, »aber kaum können sie fliegen, was rufen sie da bis an ihr Lebensende? Kuckuck! Zwei wunderschöne Töne sind das. Und nicht so ein langweiliges Ein-Ton-Geleier, wie man das bei euch im Sumpf hört!«

Aber jetzt zeigte die Unke, dass sie gar nicht auf den Mund gefallen war, und sagte: »Zum Kuckuck! Warum sagst du immer alles doppelt? Ein Ton reicht doch! Mit dem zweiten Ton fängt die Geschwätzigkeit an! Oder willst du damit zeigen, dass du bis zwei zählen kannst? Wo doch alle wichtigen Dinge unzählig sind: die Sterne,

die Sandkörner, die Mücken und die Tropfen im Teich …
Jedes Ding auf dieser Erde hat seinen eigenen Ton. Und
die Sonne und der Mond haben auch ihren eigenen Ton.
Und auch eine Unke hat ihren eigenen Ton. Ich kenne viele
Töne, doch dies ist mein eigener. Wer mehr Töne braucht,
der hat seinen eigenen Ton nur noch nicht gefunden …!
U!«, sagte die Unke.

Da flog der Kuckuck seeehr nachdenklich davon.

Und der kleine Frosch sagte zum großen Frosch: »Papa,
kannst du eigentlich auch ›U‹ sagen?«

Singen, das geht so

Singen, das geht so:
Locker Luft geholt, famos!
Die Zunge kommt in Schwung
und die Töne tanzen los.
La lala la lala la lala la.

Die Töne und die Worte,
was da wohl jetzt geschieht?
Die feiern beide Hochzeit.
Was kommt heraus? Ein Lied!
La lala la lala la lala la.

Ein Lied in Menschenohren
und hoch die Himmelsleiter.
Wer selber singt und selber denkt,
wird noch dazu gescheiter.
La lala la lala la lala la.

Die Worte haben Laute,
die unterschiedlich klingen.
Das hört man ziemlich deutlich,
wenn wir zusammen singen.
La lala la lala la lala la.

Es geht auch ganz, ganz langsam:
die Töne lang und breit,
dann nimmt man sich fürs Singen
ganz einfach etwas Zeit.
La lala la lala la lala la.

Und jetzt wird es sehr seltsam:
Nichts hält die Töne fest,
weil es sich mit der Zunge
so ganz schnell wackeln lässt.
La lala la lala la lala la.

Ein Lied braucht einen Rhythmus
und der braucht Zeit und Maß.
Und wenn wir dazu klatschen,
macht das Singen richtig Spaß.
La lala la lala la lala la.

Wenn Kopf und Bauch mitschwingen,
dann macht das Singen Sinn.
Der ganze Mensch wird froh gestimmt,
das Herz hüpft mittendrin.
La lala la lala la lala la.

Papa Pepe Piepenpepper

Pa … Pa …
Parampampam
Higgelti Piggelti –
nu fängt's an:

Papa Pepe Piepenpepper,
prickelprompter Schnäppchenschlepper,
platzte wie 'ne Priese Brause
in die Pumpernickelpause.
Piff Paff Peng, wat jibt et hier?
Pustekuchen, Packpapier.
Papperlapapp Porompompom,
Papaya, Pizza, Pompadong,
Ping, Pung, Pang,
Pi, Pa, Pedal,
Papen, pupen, piepegal,
Pinselplatsch und Prickelpit,
Papa Pepe Piepenpepper
peppte propper alles mit:
Pa … Pa … pauf,
Parampampam
Higgelti Piggelti –
nu hört's auf.

64

Herzmusik

Manchmal, wenn die Indianer
Musik machen wollen,
hören sie erst mal in sich selbst hinein.
Und was hören sie da?
Sie hören ihr eigenes Herz schlagen.
Und dann nehmen sie ihre Trommeln
und fangen an zu trommeln,
wie sie ihr eigenes Herz gehört haben:
Ba bumm ba bumm ba bumm.
Sie trommeln nicht einfach drauflos.
Sie folgen dem Rhythmus in ihrem eigenen Körper.
Und daraus entsteht die Musik,
aus dem Klang, der von innen kommt,
und aus dem Herzschlag:
Ba … bumm … ba … bumm … ba … bumm … ba … bumm
anatonka yoti jahe!

Ballade vom Ton

Noch ist der Ton
ganz leise und klein,
doch er will in die Welt,
will hörbar sein.
Er macht sich aus seiner Stille los,
erklingt und ertönt,
schwillt an und wird groß.
Du kannst einen Ton
weder riechen noch sehn.
Du kannst ihn er-hören
und ein wenig verstehn.
Ist er leis oder laut,
ist er schräg oder schrill?
Ist er sanft oder hart,
klingt er so, wie er will?
Verschwindet er – plopp – wie der Frosch im Teich?
Ist die Stille danach
bei jedem Ton gleich?
Vibriert er im Herzen
und manchmal im Bauch
oder oben im Kopf,
in den Schultern auch?
Sind Ton und Stille
wie schwarz und weiß,

wie Licht und Schatten,
wie laut und leis?
Aus der Stille heraus
kommt jeder Ton
und klingt wieder
in die Stille davon.
Vielleicht wird im Ton
die Stille zum Laut.
Vielleicht ist die Stille
nicht leicht und nicht schwer,
aus verklungenen Tönen
ein ruhiges Meer.
Und du hörst es sanft rauschen,
bist ruhig und still.
Doch ein neuer Ton wartet,
spürst du, ob er will?
Die Stimmbänder schweigen,
du öffnest den Mund,
denkst an den Ton aus der Stille und
hast eingeatmet
und alles ist klar,
so ertönt jetzt am Ende
von diesem Gedicht
ein schönes herzwarm getragenes

Schnickelschnick und Heini Hupfer

Von wunderlichen und ganz normalen Tieren

Schnickelschnick, der kleine Schneck

Schnickelschnick, der kleine Schneck,
war kaum da, schon war er weg.
Sauste gerne froh und munter
alle Bäume rauf und runter.

Schnickelschnick, der kleine Schneck,
peste froh durch jeden Dreck.
Legte seine Hörner an,
dass er schneller sausen kann.

Aber so, das war nicht schön,
hat er gar nichts mehr gesehn.
Und er sprach: Nun wird es Zeit
für die liebe Langsamkeit.

Grad bog da die Mama Schnecke
um die Ecke von der Hecke.
Ihre Hörner warn ganz groß.
»Schnickelschnick, wo warst du bloß?«

Kleine Krabbenkrabbelgeschichte

Eine Krabbe krabbelt
auf einen Stein
und schaut von dort
in die Welt hinein.

Sie schaut und schaut,
was hat sie denn bloß?
Sie guckt und guckt:
Das Meer ist so groß.

Ihre Stielaugen schwenkt sie
hin und her.
Wo sie auch hinguckt,
nix als Meer.

Da kommt eine große
Welle gerannt
und schwumm,
liegt die Krabbe im Ufersand.

Sie bekrabbelt sich
so ganz auf die Schnelle,
und swutsch,
ist die Krabbe wieder zur Stelle.

Ihre Stielaugen schwenkt sie
hin und her,
wo sie auch hinguckt:
nichts als Meer …

Eine Krabbe krabbelt
auf einen Stein
und schaut von dort
in die Welt hinein.

Stubenfliegen

Stubenfliegen sind seltsame Tiere. Sie können sich mit den Hinterbeinen die Hände reiben und mit den Vorderbeinen den Hinterkopf kratzen.

Stubenfliegen sind schlaue Tiere. Sie fliegen nur einmal gegen eine Glasscheibe, dann wissen sie, dass eine Glasscheibe eine Glasscheibe ist. (Die dicken Brummer dagegen kapieren das nie.)

Stubenfliegen sind friedliche Tiere. Sie naschen, auch wenn es viele sind, ober-, über- und untereinander an einem Kuchenkrümel, ohne Drängeln, Wegschubsen und Prügeln.

Stubenfliegen leben in den Tag hinein. Manchmal paaren sie sich. Aber sie sind auch alleine glücklich.

Stubenfliegen sind alle gleich. Sie haben keine Königin wie die Bienen und die Ameisen. Sie haben kein Besitztum und sie töten keine Eindringlinge.

Nachts schläft jede Fliege für sich allein. Und am Morgen fliegt sie weiter. Manchmal dauert ihr Leben nur einen Geburtstag lang.

Käfer und Fliege

Käfer und Fliege
gingen auf die Reise.
Käfer krakeelte
und Fliege summte leise.

Käfer fraß das meiste
und Fliege kriegt den Rest.
Sie wartete geduldig,
dass er was übrig lässt.

Fliege wollte tanzen,
doch Käfer macht nicht mit.
Er braucht sein Bodybuilding,
sonst kommt er aus dem Tritt.

Käfer kam gelaufen:
Pass auf, wie ich dich kriege.
Sie sagte nur: Komm, hasch mich,
dann machte sie die Fliege.

Fliege und Käfer,
die wollten beide singen.
Sie sangen durcheinander.
Man hört es weithin klingen.

Sie sangen laut und deutlich:
»Tiralala!
Was sind wir doch, was sind wir doch
fürn wunderschönes Paar!«

Rose & Käse

Tragödie einer Hasennase

Es war einmal ein Käse,
ein schöner runder Käse,
der lag auf einer Bank
und stank.

Da schimpft die rote Rose:
Potz, Donner, Hemd und Hose,
der Käse ist aus Schimmel,
der stinkt ja bis zum Himmel.

Ein Hase saß im Grase
und kräuselt seine Nase,
er schwenkt sie schnell von rechts nach links:
Was ist das, duftet's oder stinkt's?

Riecht das nach Rosenkäse
oder nach Käserose?
Nach Käserosenkäse?
Nach Rosenkäserose?

Vom Riechen kriegt der Hase
ein' Knoten in die Nase.
Er hüpft davon der Nase nach,
bis er fast auf der Nase lag.

Er roch nur Rosenkäse,
die Nase wurd zur Näse.
Ihm war so schräg, der Nachbar grüßt:
Schön' guten Tag, Herr Häse.

Das Nachbar-Hase-Lied

Nachbar Hase, Nachbar Hase,
wo der heut wohl ist.
Nachbar Hase, Nachbar Hase,
der wird heut vermisst.

Nachbar Hase, Nachbar Hase,
der ist mir so einer,
Nachbar Hase, wann der heimkommt,
das weiß wirklich keiner.

Nachbar Hase, Nachbar Hase,
tönt es schon im Chor:
Hoffentlich klingt dieses Lied
in sein langes Ohr:

Ob er aber über Oberhasenhupf
oder aber über Unterhasenhupf
oder aber überhaupt nicht kommt,
ist nicht gewiss!

Nachbar Hase

Eine Mäusegeschichte

Meistens flitzt er in der Gegend herum. Er hat bei der Eule zu tun und beim Waschbär und … und … und. Er hat es immer eilig und nie Zeit für seine nächsten Nachbarn.

Zweimal hat Luzi schon hinter ihm hergerufen:

»Hallo, Nachbar Hase! Wollen Sie nicht mal auf eine Mohrrübe zu uns rüberkommen?«

»Keine Zeit. Bin aber per Handy erreichbar«, ruft Nachbar Hase und eilt weiter.

Nachbar Hase hat ein giftgrünes Handy, das er fast nie vergisst. Er trägt es immer bei sich, wenn er in der Gegend herumflitzt. »Dideli tütü däti tütü«, macht das Handy und Nachbar Hase singt dazu, so laut, dass es jeder hören kann:

> *»Wohnen macht dumm*
> *und drum*
> *brauch ich kein Dach –*
> *und die eigenen vier Wände*
> *nur bei Regen um mich rum.*
> *Holdrio, hohüdi,*
> *holdrio!«*

»Dich kriegen wir trotzdem einmal in unsere eigenen vier Wände«, sagt Kabutzke. So schreibt er einen Brief an Nachbar Hase. Damit geht er zu Nachbar Hases Karottenbeet, als dieser mal wieder unterwegs ist. Er vergräbt den Brief im Karottenbeet. Wieder zu Hause, wählt er Nachbar Hases Handynummer an.

Nachbar Hase – dideli tütü däti tütü – meldet sich sofort. Kabutzke sagt:

»Gut, dass du ein Handy hast und erreichbar bist, Nachbar Hase! Ich will dir nur sagen: In deinem Karottenbeet ...«

»Ja, ja, mein gutes Karottenbeet«, sagt Nachbar Hase.

»In deinem Karottenbeet ...«

»Ja, was ist denn nun mit meinem Karottenbeet?«

»In deinem Karottenbeet ist eine Nachricht, eine Botschaft, wenn nicht gar ein Brief versteckt.«

»Bin schon unterwegs!«

Wenig später ist Nachbar Hase in seinem Karottenbeet. Er buddelt mal hier, buddelt mal da und dann auch noch dort. Er findet schließlich den Brief und liest:

»Hallo, Nachbar Hase,
nun komm doch mal auf einen Sprung herüber,
alter Junge!
Wir warten auf dich mit drei frischen Mohrrüben.
In froher Hoffnung
Kabutzke Mauserich und Luzi Maus«

Nachbar Hase hat eigentlich keine Zeit. Aber weil er gerade sein giftgrünes Handy zu Hause aufladen muss, nimmt er einfach Anlauf, springt über den Zaun, schwingt sich wie Tarzan durch die Sonnenblumen, hangelt das Treppengeländer hinauf und schon sitzt er am Tisch bei Mausens. Er lobt die knackige, saftige Mohrrübe, die ihm angeboten wird. Aber kaum hat Nachbar Hase seine Mohrrübe verzehrt, da springt er auch schon auf und ruft:

»Genau, auf einen Sprung bin ich herübergekommen: Kennt ihr schon den Doppelhirschsprung? Sehr gut geeignet, wenn man gerade mal nicht handyfoniert und ein wenig Zeit für Bewegung hat.«

Er springt auf dem rechten Fuß ab, dreht sich in der Luft, landet auf dem linken Fuß und – schwups – hat er seine Handyhand – dideli tütü däti tütü – wieder am Ohr.

Aber es ist ja gar kein Handy da! »Oh, mein Handy ist ja noch drüben«, sagt Nachbar Hase und schüttelt sein vom Handyfonieren leicht verknautschtes Ohr. »Das habe ich vergessen.«

Schon springt Nachbar Hase zur Tür, rutscht das Treppengeländer hinunter, schwingt sich wie Tarzan durch die Sonnenblumen, springt über den Zaun und ist – dideli tütü däti tütü – verschwunden.

Hasen-Hip-Hop

Nachbar Hase kommt, und ob
hip hop hip hop
Hat sein Handy schon am Kopp
hip hop hip hop
Was ist los? Ach ja, na klar!
Komme gleich, ich bin schon da.
Hip hop hip hop
Nachbar Hase kommt,
und ob!

Der Drache Fu

Sprechgesang

Es war einmal ein Drache
fuh!
mit einem roten Rachen,
fuh!
Sein Atem war aus Feuer,
fuh!
er war ein Ungeheuer,
fuh!
Da kam ein stolzer Ritter,
fuh!
der poltert' wie Gewitter,
fuh!
Er sucht' ihn sieben Stunden
fuh!

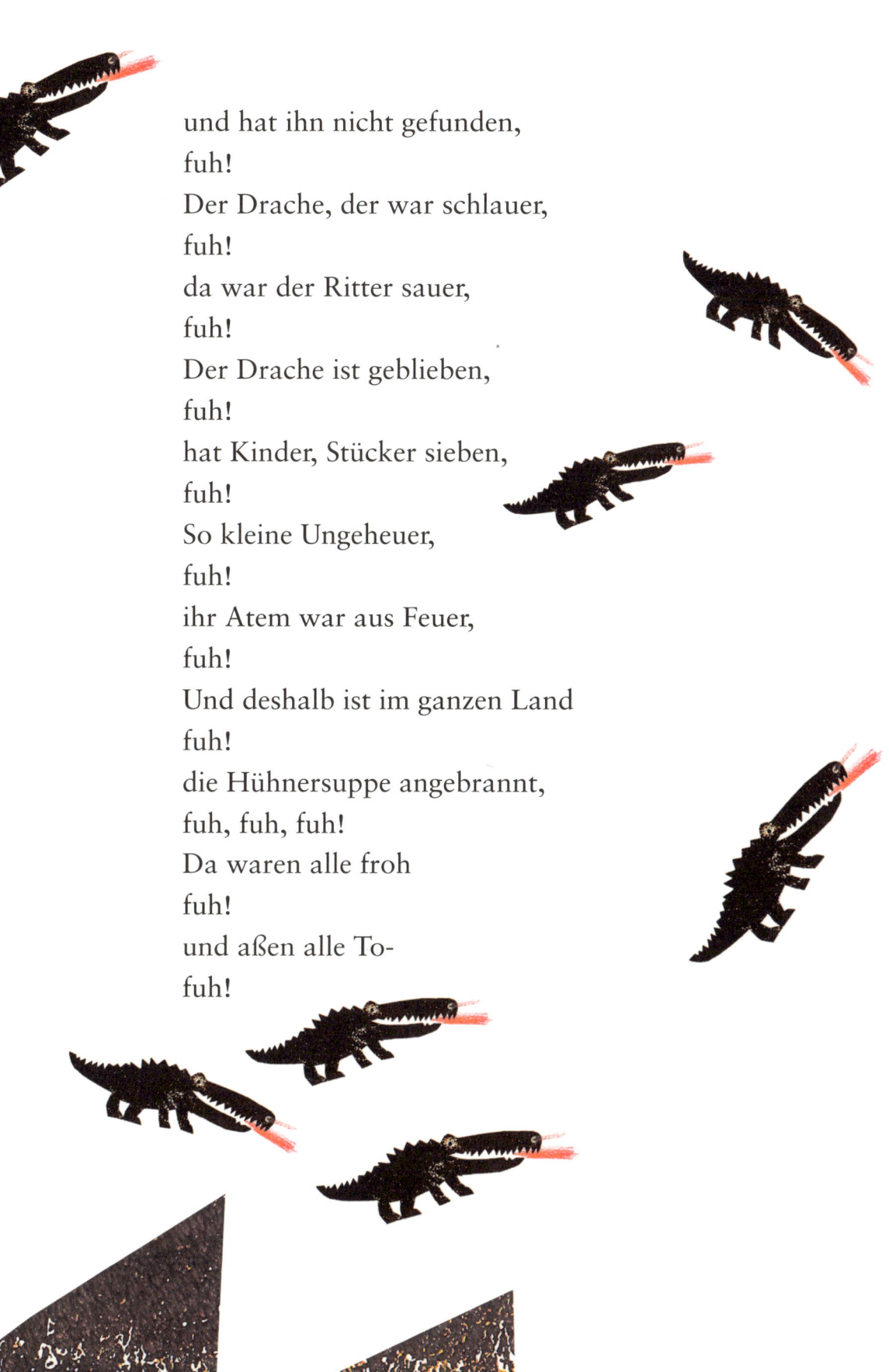

und hat ihn nicht gefunden,
fuh!
Der Drache, der war schlauer,
fuh!
da war der Ritter sauer,
fuh!
Der Drache ist geblieben,
fuh!
hat Kinder, Stücker sieben,
fuh!
So kleine Ungeheuer,
fuh!
ihr Atem war aus Feuer,
fuh!
Und deshalb ist im ganzen Land
fuh!
die Hühnersuppe angebrannt,
fuh, fuh, fuh!
Da waren alle froh
fuh!
und aßen alle To-
fuh!

Heini Hupfer

Hallo, hier kommt Heini Hupfer.
Ist der Kleinste in der Wiese.
Doch hüpft Heini Hupfer hoch,
hüpft er höher als ein Riese.

Hallo, hier kommt Heini Hupfer.
Sitzt erst tief im grünen Gras,
klettert an 'nem Grashalm hoch
und schon fliegt er: Sonst noch was?

Hallo, hier kommt Heini Hupfer.
Kommt der Abend vor der Nacht,
hat er mit dem Hinterbein
Heini-Hupf-Musik gemacht.

Onkel Rattes Rutschreim

Onkel Ratte
rutschte munter
eine lange Rutsche runter.
Landet unten auf dem Bauch.
Macht mir nix, sagt Onkel Ratte,
klopft sein' Mantel:
Moin auch!

Die wundersame Wirkung von Sprache und Spucke

oder: Nächtliches Drama am Dorfteich

Du
wirst vor mir erzittern!,
sagte zum Mond
die Maus
und spuckte
ins Wasser.

Delphine sind seltsame Wesen

Delphine sind seltsame Wesen
und haben ein großes Gehirn
und, eigenartig praktisch,
ein Nasenloch auf der Stirn.

Sie können nicht einfach nur schlafen
und es atmet dann von allein –
sie müssen für ihren Atem
immerzu aufmerksam sein.

Sie sind im Wasser zu Hause
und pfeifen aufs Leben an Land.
Die Indianer haben sie »Hüter
des heiligen Atems« genannt …

Keine Hände sind da zum Begreifen,
kein Fell, kein Huf, keine Kralle,
doch wenn es ums Meer geht, dann wissen
sie ganz deutlich mehr als wir alle.

Die Luft von über dem Wasser,
die brauchen Delphine sehr.
Sie holen sie sich und sie tauchen
– schwapp – wieder hinab ins Meer.

Plopp

Die Stille sitzt im Gartenteich
und gähnt und spricht:
Dies ist mein Reich.

Ein kleiner Frosch quakt:
Du täuschst dich,
und ob!
Springt rein in den Teich
und der Teich sagt:
Plopp!

Ein klitzekleines Wohlgefühl

Vom Ich und allem, was dazugehört

Das klitzekleine Wohlgefühl

Ein klitzekleines Wohlgefühl
ist in mir rumgeflippt,
doch als es in der Nase saß,
da hab ich es ertippt.

Es wanderte die Stirn hinauf,
dass es zum Kopf raufkam,
da war es unter meiner Hand
sehr wohlig, still und warm.

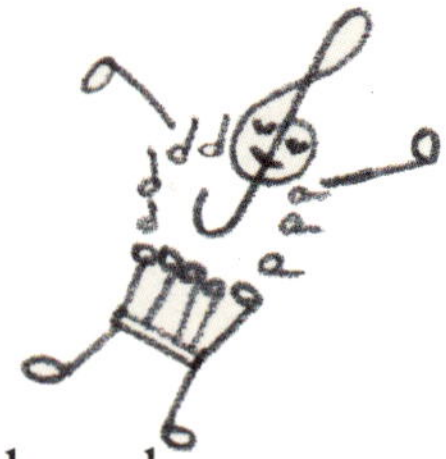

Dann schwebte es auf meine Schulter herab
und landete leicht und sacht,
umrundet die Schulter und hat sie dann
ganz wohlig warm gemacht.

Dann saß es drin in meinem Kinn –
wie kam es da wohl rein?
Doch jetzt ist es in meinem Herz
warm wie ein Sonnenschein.

Es streichelt an meinen Beinen herab,
die Hände begrüßen die Füße
und sagen: Wie geht's?, und umfassen sie sacht
und bringen sehr handliche Grüße.

Dann steigt das kleine Wohlgefühl
an meinen Beinen hinauf
und sitzt jetzt, groß geworden und stark,
in meinem Menschenbauch.

Wo komme ich her?

Wo komme ich her?
Wo gehe ich hin?
Was werde ich, wenn ich gewesen bin?
Was bin ich? Immer noch nackt und bloß.
Mal fröhlich leicht, mal ein Trauerkloß.
Ich denke Gedanken, so schnell wie der Wind,
bin alter Mann und bin kleines Kind.
Mal reimt sich mein Leben,
mal schreit es mich an,
dass ich mich selber nicht hören kann.
Dann zittere ich vom Kopf bis zur Zehe
und merke, dass ich gar nichts verstehe.

Beine

Beine haben Sohlen,
haben Hacken, haben Zehen.
Rechtes Bein
und linkes Bein,
eine Erde, einen Weg.
Grund genug zum Gehen.

94

Bauchstreichelreim

Wenn ich mir mit meinen Händen
eine Schneckenhausspirale
rund auf meinen Bauch raufmale,
spürn die Hände meinen Bauch
und mein Bauch spürt meine Hände
auch.

Klagelied eines Menschenbauchs

Ich bin ein Bauch,
mich gibt es auch,
ich bin dir sehr gewogen.
Doch hast du dich geschämt
und mich
fast immer eingezogen.
Ich bin ein Bauch,
fass mich mal an,
ich bin die Mitte
von Frau und Mann,
doch wie gesagt: Ich soll nicht sein!
Du ziehst mich immer wieder ein
und schnürst mich ab
und schnürst mich zu.

Den Gürtel fest
und ohne Ruh
das Essen rein,
bin selten leer,
als ob ich nicht gern leichter wär.
Und atmest du
hoch in der Brust,
ich hab doch auch zum Atmen Lust.
Ich möchte mich gern mitbewegen,
nicht eingezogen an dir kleben.
Und außerdem,
das ist gemein,
will ich kein Schnitzelfriedhof sein
und keine Bratwurstendstation,
das drückt mich sehr,
hab nichts davon.
Auch mag ich mich in keiner Weise
als Sahnetorteneinflugschneise.

Ich träum von einem leichten Leben,
will gern vor Lachen wackeln, beben –
und innen drin (tust du gut kauen)
will ich, was kommt, auch gut verdauen.
Nur nicht so viel,
denn so ein Magen
ist doch kein leerer Lastkraftwagen.
Beim Singen brumm ich schon mal mit
und töne gern
und summe auch,
lass schöne Klänge zu mir kommen,
dann fühlt er sich sehr wohl,
dein Bauch.
Der Rhythmus steckt nicht nur im Blut,
nein, nein, er steckt im Bauch,
denn bist du richtig in ihm drin,
kommt er von unten rauf.

Aus mir, dem Bauch, kommt deine Kraft
in Arme und in Beine.
Dein Kopf, der mag mich manchmal nicht,
der lässt mich oft alleine.
Ich bin die Mitte
deines Leibs.
Ich bin dir sehr gewogen.
Wenn du von mir
nichts Gutes spürst,
hast du dich selbst betrogen.
Ich bin dein Bauch,
fass mich mal an,
ich bin die Mitte von Frau und Mann.
Du streichelst mich,
das freut mich auch.
Danke fürs Zuhörn.
Das war's. Dein Bauch.

Wule Waschbärs Fingerlied

Flinke Finger, flinke Finger,
jede Hand hat fünf so Dinger.

Können kitzeln, können bohren
in der Nase, in den Ohren.

Können drücken, können tupfen,
können dich ganz sachte zupfen.

Können zeigen, können tippen,
können kratzen, können schnippen.

Können klopfen, können kneifen,
und man braucht sie immerzu,
um das Leben zu begreifen.

Die Geschichte vom vergesslichen König

Es war einmal ein König, der hieß Nepomuk. Und der König Nepomuk, der war sehr vergesslich. Einmal hat der König Nepomuk auf seinem Thron gesessen und hatte seine Krone vergessen. Und einmal hat der König Nepomuk auf seinem Thron gesessen und hatte seinen Königsmantel vergessen. Und einmal wollte der König Nepomuk eine Rede halten und da machte er »Ehem … ehem … ehem«, und hat die Rede vergessen.

Und einmal hat der König Nepomuk auf seinem Thron gesessen und hatte seine Hose vergessen. Und einmal hat der König Nepomuk auf seinem Thron gesessen und hatte seine Unterhose vergessen. Und einmal hat der König Nepomuk auf seinem Thron gesessen und hatte seine Hose und seine Unterhose vergessen.

Und da hat der König gesagt: »Aaach, ich fühl mich heute so gut. Ich will mal in die Stadt gehen und gucken, was die Leute machen.«

Und da ist der König in die Stadt gegangen.

Und die Leute haben den König gesehen und gesagt: »Was? Guck mal da! Was ist denn das? König Nepomuk hat ja genauso einen weißen Arsch wie wir auch.«

Und da mussten sie alle ganz laut lachen.

Und der König Nepomuk hat das gesehn und hat gesagt:

»Das ist ja wohl eine große Unverschämtheit!«, und hat sich auf der Stelle eine böse, grausame und gemeine Strafe für alle Leute in der Stadt ausgedacht. Dann lief er in sein Schloss zurück, zog seine Unterhose an, zog seine Hose an und setzte sich auf seinen Thron.

»So, ich verkünde jetzt für alle Leute in der Stadt eine böse, grausame und gemeine Strafe.«

Und was war dann?

Dann hatte er die Strafe vergessen, und da waren die Leute froh, dass sie so einen vergesslichen König hatten.

Und wenn ihr mal in der Schule oder im Kindergarten was vergessen habt, dann könnt ihr ja eurer Lehrerin oder Erzieherin diese Geschichte erzählen.

Kabutzkes Verwunderungslied

Niemand, niemand
mag mich leiden.
Doch heute, ja, heute,
da wundre ich mich,
warum die Sonne
so warm und schön
herniederscheint
und
gerade auf mich.

Weiß der weiße Besserwisser

Weiß der weiße Besserwisser
auf der Besserwisserpiste,
weiß er, was er wissen müsste?
Wer zur Klassenkasse hastet?
Was ein Kasten Küsse kostet?
Was die Wespentaillen wispern?
Was der Küster büßen müsste?
Was die nassen Tassen rasseln?
Was die krassen Asseln quasseln?
Sassafraße rumschlamasseln?
Ach, der weiße Besserwisser
wollte alles Wissen wissen,
ratzt nun leise vor sich hin
in den Besserwisserkissen.
Pssst, pssst, pssst!

Eine H-wie-Hauch-Geschichte

Vom H zum Herz,
vom Herzen zur Hand,
von der Hand zum Hier,
vom Hier zum Hin,
vom Hin zum Huch,
vom Huch zum Hauch,
vom Hauch zum Hall,
vom Hall zum Hallo,
vom Hallo zum Hej,
vom Hej zum Hei,
vom Hei zur Heimat,
von der Heimat zum Heini,
vom Heini zum Hatschi,
vom Hatschi zur Hektik,
von der Hektik zur Hetze,
von der Hetze zur Hitze,
von der Hitze zum Husten,
vom Husten zum Heulen,
vom Heulen zum Heilen,
vom Heilen zum Himmel,
vom Himmel zur Hölle,
von der Hölle zur Hulda,
von der Hulda zum Holunder,
vom Holunder zum Haus –
und das Lied ist aus.

Gedicht vom Ich

Ich bin ich,
na klar, oder nicht?
Ich bin ich,
kann jeder Mensch sagen.
Aber wer oder was
ist denn nun ein Ich?
Schon bin ich mittendrin im Fragen. –
Wo fängt Ich an?
Wo hört Ich auf?
Ist Ich immer gleich,
ob ich sitz oder lauf?
Ob ich sieben oder siebzig bin?
Ist mein Körper das Ich
oder steckt's mittendrin?
In der Brust, im Herz
oder unten im Bauch,
im Kopf, im Verstand,
sitzt es ganz obendrauf?
Oder wohnt es mitten in meinen Gefühlen?
Vielleicht sitzt es irgendwie zwischen den Stühlen
und weiß selber nicht,
was es eigentlich ist.
Wenn's mir fehlt –
von wem wird das Ich dann vermisst?

Steckt mein Ich auch in meinem kleinen Zeh
und in den Füßen,
auf denen ich geh?
Ist mein Ich auch
in meinem eigenen Haar?
Ich fasse es an,
na klar isses da.
Und schneidet mir der Friseur klipp klapp
einfach von meinem Ich etwas ab?
Und dann der Zahnarzt, oje, oje –
mein Ich, das schrumpft, wenn ich zu ihm geh.
So ein kleiner Schmerz, ja, das geht ja noch,
doch findet er in meinem Zahn dann ein Loch
und er zieht einen Zahn (der kommt niemals zurück) –
fehlt dann vom Ich nicht ein kleines Stück?
Und etwas, was ich auch gern wüsst:
Wenn jemand vor Glück ganz außer sich ist.
›Außer sich‹ heißt doch, raus aus dem Ich!
Manchmal versteh ich mich selber nicht.
Jemand ist außer sich vor Wut –
bleibt das Ich dann bei sich
und es geht ihm ganz gut?

Hab ich Sorgen und Angst
bis über die Ohren,
wird mein Ich so klein,
als hätt ich's verloren,
und muss ich was tun,
was ich gar nicht mag,
dann jammert mein Ich
den ganzen Tag …
du musst …
du sollst …
du sollst …
du musst …
Das Ich verschwindet.
Es hat keine Lust.
Und wer viel Geld hat,
hat der auch viel Ich?
Und wer wenig hat,
der hat's eben nicht?
Vielleicht hat das Ich auch was ausgeheckt,
als blaues Männchen sich in dir versteckt,
lacht wie's Rumpelstilzchen,

sagt: Such nur, such!
Kauf dir ein kluges Ich-Findungs-Buch …
oder auch dreizehn, davon gibt's genug,
mach dich auf die Suche nach deinem Ich,
suche und suche –
du findest es nicht.
Es ist kein Persönchen, hat kein Gesicht,
wenn du's finden willst, dann suche es nicht …
Du bist mit allem dein Ich, was du tust,
wie du gehst, wie du atmest,
wachst oder ruhst,
wie du hörst, wie du siehst,
wie du riechst, wie du schmeckst
und dir nach dem Essen die Lippen leckst,
wie du fühlst, was du selbst und was andere sind,
kalt und warm, warm und kalt,
Welle, Wasser und Wind.
Dein Ich brauchst du gar nicht
gesondert zu suchen.
Das ist philosophischer Käsekuchen.

Du bist, was du bist in deinem Leben.
Dich kann's auf der ganzen weiten Welt,
so wie du bist,
nur ein Mal geben.
Es ist, wie es ist,
Punkt, Komma und Strich:
Viele Grüße von meinem
an wen?
An dein
Ich.

Faul sein

Es gibt Zeiten,
da ist Faulsein so schön.
Da bin ich zu faul,
um ins Bett zu gehen.

Zu faul,
um meine Schritte zu lenken
und einen Gedanken
zu Ende zu denken.

Da bin ich zu faul,
um das auch zu erwähnen,
zum Mundaufmachen
und zum Gähnen.

Da bin ich zu faul –
jetzt hör bloß auf zu lachen –,
um mir irgendwelche Sorgen
zu machen.

Es hat keinen Zweck,
mich etwas zu fragen.
Ich bin viel zu faul,
noch ein Wort zu sagen.

Ich bin viel zu faul,
um mich jetzt zu bewegen.
Und außerdem hör ich
jetzt auf mit dem Reden.

Nichts rührt sich mehr
in meinen zwei Händen
und so werde ich dieses Gedicht
jetzt beenden!

PS: Aber was,
wenn du so faul wärst wie ich?
Dann läsest du das,
was ich schreibe, ja nicht!
Und das fänd ich doch gerade
ein bisschen schade …

Liegen lassen

Eine Mäusegeschichte

Kabutzke ist ein Tüftler. Überall tüftelt er herum.

In der Küche, im Wohnzimmer, im Keller und in der Speisekammer.

Meistens tüftelt er etwas aus.

Und wenn Luzi kommt, hat Kabutzke schon eine neue Idee und ist ganz woanders. Luzi findet dann die Reste von Kabutzkes Tüftelei und ruft laut und deutlich:

»IMMER LÄSST DU ALLES LIEGEN!«

Aber Kabutzke ist bis über beide Mauseohren hinweg schon wieder in etwas ganz anderes vertieft.

Einmal hat Kabutzke eine Erdnussbutterschmiermaschine ausgetüftelt. Jedenfalls hat er es versucht.

Küchenmesser, Gummibänder, Kleber und zwei alte Radiergummis liegen hinterher herum. Und Luzi ruft sehr deutlich:

»IMMER LÄSST DU ALLES LIEGEN!«

Ein anderes Mal hat Kabutzke eine Katzentatzenwarn-trompete ausgetüftelt. Jedenfalls hat er es versucht. Ein Ende von einem Gartenschlauch, ein Plastiktrichter und eine Rolle Klebeband sind übrig geblieben. Und Luzi ruft sehr laut:

»IMMER LÄSST DU ALLES LIEGEN!«

Das nächste Mal hat Kabutzke ein Käsekrümelsuchgerät ausgetüftelt. Der Versuch ging schief. Nur die Käsekrü-mel, die Kabutzke probeweise versteckt hat, findet Luzi noch drei Tage später hinter der Blumenvase, in ihrem Lieblingsbuch und sogar unter ihrem Kopfkissen.

Wenn sich Käse verkrümelt, kann man es riechen. Luzi riecht das und ruft ärgerlich durchs ganze Haus:

»IMMER LÄSST DU ALLES LIEGEN!
ES IST NICHT ZUM AUSHALTEN!
WILLST DU EIGENTLICH STREIT MIT MIR
HABEN?«

Keine Antwort von Kabutzke.

Luzi fängt an, ihn zu suchen, findet ihn aber nicht. Sie sucht überall. Endlich sieht sie ihn. Er hat sich einfach unter den Tisch gelegt und die Hände über dem Bauch gefaltet.

»Was soll denn das schon wieder?«, fragt Luzi.

»Das siehst du doch:

ICH LASSE MICH LIEGEN!

Wenn ich immer alles liegen lasse, kann ich mich selbst auch mal liegen lassen. Schließlich bin ich auch ein Teil von ALLES.«

»Und ich auch. Ich bin auch ein Teil von ALLES«, sagt Luzi und legt sich neben Kabutzke.

So liegen sie beide friedlich nebeneinander.

Und nach einer Weile spricht Luzi:

»Komisch, wenn ich liege, wird mir so anders zumute. Eben war ich noch ganz ärgerlich auf dich und hätte dich bis auf den Mond schießen können. Jetzt habe ich ausgeschnauft und denke, es ist viel schöner, etwas zusammen zu machen. Und wenn es nur so was ist, wie nebeneinanderzuliegen und zum Fenster hinaus den Himmel anzugucken.«

Herzklopfen

Es ist etwas Eigenartiges,
sein eigenes Herz klopfen zu hören –
etwas geheimnisvoll Nahes.
Manchmal spüre ich es nur,
wenn es zu schnell klopft,
und bekomme Angst.
Manchmal klopft es mir
zum Hals hinauf
oder rutscht in die Knie
und ab und zu sogar in die Hose.
Ist das Herz wieder oben,
vergesse ich schnell, dass es klopft.
Aber neulich habe ich
meinen Puls gefühlt
und ein Lied dazu gesungen.
Das ging mir zu Herzen,
aus dem es kam.

Vom Schweigen der Indianer

Indianer sind Menschen,
die sagen ihren Kindern nicht:
Jetzt seid mal endlich ruhig.
Oder: Halt den Mund,
du bist noch ein Kind!
(Dabei ist der Mund doch angewachsen,
wie soll man ihn halten?)
Sie machen ihren Kindern
Freude an der Stille.
Sie setzen sich hin und hören zu,
wenn nichts laut wird …
Sie sehen, wo es nichts zu sehen gibt,
und hören, wo es nichts zu hören gibt.
Vieles hören sie dann wie neu.
Wie in einem Traum
hören sie die Worte des Wassers,
die Gespräche der Fische
und das Wachsen des Grases.
Und sie hören in der Stille,
wie alles miteinander verbunden ist:
der Mensch und die Erde …
das Sandkorn und der Stern …
der Wind und das Gras …
der Himmel und der Mensch.

Für den Stein in meiner Hand

Lässt dich nicht erdrücken …
Bist hart!
Lässt dich sanft streicheln …
Bist weich!
Fliegst durch die Luft …
Bist leicht!
Fällst auf die Erde …
Bist schwer!
Liegst im Gras und wartest …
Bist geduldig!
Schmiegst dich in meine Hand …
Bist zärtlich!
Hast Sonne in dir …
Bist warm!
Hast Mond in dir …
Bist kühl!
Zeigst nach dem Regen seltsame Farben.
Gehst dem tiefen Wasser auf den Grund.
Lässt dich fallen, wie du bist …
Du gefällst mir!

Mein Bleistift

Das ist mein Bleistift, ja? Na klar.
Man sagt, er ist zum Schreiben da.
Doch kann ich mit ihm auch Haifische malen
und Spatzeneier und ganz krumme Zahlen.

Ich kann mit ihm in der Nase bohren
und, wenn ich Lust habe, auch in den Ohren.
Eine Maus kann daran Klimmzüge machen,
er kann mich auch kitzeln und dann muss ich lachen.

Geburtstagslied

Herzlichen Glückwunsch zum Geburtstag!
Herzlichen Glückwunsch dem Geburtstagskind!

Licht und Liebe alle Tage,
Licht und Liebe, vor und zurück,
Sonnenstrahlen, die dich wärmen,
und ein ganzer Batzen Glück!

Herzlichen Glückwunsch zum Geburtstag!
Herzlichen Glückwunsch dem Geburtstagskind!

Alles Gute für die Füße,
alles Gute für den Bauch
und viel Liebe drin im Herzen
und in Kopf und Händen auch.

Herzlichen Glückwunsch zum Geburtstag!
Herzlichen Glückwunsch dem Geburtstagskind!

Heute loben wir das Leben.
Dass du da bist, das ist schön.
Dich kann's ja nur ein Mal geben,
das kann heute jeder sehn.

Herzlichen Glückwunsch zum Geburtstag!
Herzlichen Glückwunsch dem Geburtstagskind!

Sonne, Mond und alle Sterne
und die hier versammelt sind,
haben dich heut besonders gerne,
grüßen das Geburtstagskind.

Herzlichen Glückwunsch zum Geburtstag!
Herzlichen Glückwunsch dem Geburtstagskind!

Ich

Als ich noch klein war,
war es versteckt.
Doch dann habe ich
mein Ich entdeckt.
Meine Mutter tat so,
als wäre es Schmuh,
und sagte zu meinem Ich
einfach Du.

Pitsch macht die Träne

Deine Träne
tropft auf meine Backe.
Pitsch macht die Träne,
zuck macht die Backe.
Ein Augenzwinkern lang –
nun lachen wir beide.

Von wo kommt das Glück?

Vor und zurück,
woher kommt es, das Glück?
Kommt's vom Lotto,
kommt's von Luise,
aus dem Himmel,
aus der Sommerwiese?
Kommt's von Gott,
vom Frühaufstehn?
Vom unentwegten Nach-innen-Sehn?
Kommt's aus der Südsee,
kommt's aus der Nähe,
die ich spüre, wenn ich dich wiedersehe?
Liegt's auf dem Teller,
kommt's aus der Flasche
oder der dicken Westentasche?
Aus Champagner und Hummer und Lachsschinken rot
oder aus Müsli und Vollkornbrot –
viele, die's suchten in Jahren und Stunden,
haben nicht einmal seinen Schatten gefunden.
Frag den Professor, frag die Kälber,
sie dozieren, sie blöken, sie wissen es nicht –
ich sage dir: Es kommt von
selber!

Werweißwo

Ich fühl mich nicht so recht bei mir.
Ich fühl mich irgendwie leer,
als ob etwas fehlte und ich nicht hier,
sondern werweißwo wär.

Ich wüsste gern, wo Werweißwo ist.
Ich möchte es gerne spüren.
Vielleicht entdeck ich die Spuren noch heut,
die nach Werweißwo führen.

Jetzt weiß ich, wo Werweißwo ist,
gar nicht entfernt, kein Stück.
Drum bleib ich bei mir und bin ganz wach
und lasse mich finden vom Glück.

Das Wunder

Alles da?
Na klar!
Also ich,
ich bin da.
Ich kann dies und das
und sowieso,
was ich alles kann,
herrje, bin ich froh!
Im Sprechen, im Hören,
im Riechen, im Stehn.
Und manchmal
kannst du mich rennen sehn.
Millionen Jahre Evolution
oder noch länger –
wer weiß das schon?

Die sind samt und sonders
in mir drin,
damit ich einfach so bin,
wie ich bin,
mit allem zusammen
und für mich allein.
Und kann nur ich selbst
und kein anderer sein.
Denkt so was der Hering?
Denkt so was die Flunder?
Drum sage ich einfach:
Der Mensch ist ein Wunder.
Doch schreit wer wen an:
›Ich bin Herr, du bist Knecht!‹,
dann geht es dem Wunder in uns
ziemlich schlecht.
Sagt einer sehr stolz: ›Ich bin gut,
du bist fies!‹,
dann geht es dem Wunder in uns
ziemlich mies.

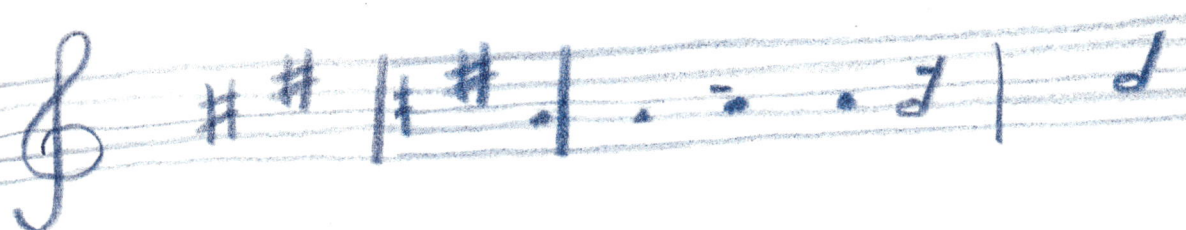

Gier und Gewalt
macht bös und gemein
und das Wunder in uns
wird mickrig und klein.
Das merkt man dann sehr
und muss traurig sagen,
was Wunder ist,
kann auch Wunden schlagen.
Doch trotzdem,
wenn sich zwei Wunder begegnen
und wundern sich, dass sie ein Wunder sind,
und umarmen sich beide herzlich und frei.
Ein Wunder?
Verwunderlich!
Aber es stimmt.

Wenn das Abendwolkenschaf nach Hause geht

Von Abendstunden, Runkelrüben und Glitzerschnee

Runkelrübenruppmaschinenreim

Klabasta, klabasta,
ich frage mich, was da,
klabasta, klabasta,
den Berg hinaufkommt,
klabasta, klabasta,
ganz plötzlich und prompt.

Klabasta, klabasta,
ach, bitte, bleib stehn!
Klabasta, klabasta,
brauchst nicht weitergehn.
Klabasta, klabasta,
es hört nicht auf mich,
klabasta, klabasta,
es denkt nur an sich.

Drüben rüber,
drauf und dran,
rauf und runter,
richtig ran,
kritze kratz,
krabum krabam,
ratterte und knatterte
die Runkelrübenruppmaschine
an die ritzeroten Runkelrüben ran.

Klabasta, klabasta,
mitten durch den Mist,
klabasta, klabasta,
jetzt weiß ich, was das ist.

Herbst

Heut ist der Tag,
an dem vor allem
die vielen bunten Blätter fallen.

Heut macht der Wind
mit allem, was bunt ist,
kurzen Prozess.

Laub, Laub, Laub,
sagt der Besen
und freut sich über so viel
Erlaubnis.

Das Gewicht der Schneeflocke

»Es schneit«, sagte der Wolf.

»Was du nicht sagst, Gevatter«, brummte der Bär.

»Mehr als tausend Schneeflocken«, sagte der Fuchs, »aber auf meinem Pelz spüre ich sie überhaupt nicht!«

»Sie schmelzen auf meiner Hasennase«, sagte der Hase und dann fügte er noch nachdenklich hinzu: »Man spürt sie nicht. Doch sie haben ein Gewicht!«

»Eine Schneeflocke wiegt weniger als nichts«, knurrte der Wolf.

»Und sie hat keine Kraft«, brummte der Bär.

»Aber sie wiegt doch etwas und sie hat auch Kraft«, sagte der Hase.

Die Tiere gerieten in Streit, ob eine Schneeflocke etwas wiegt oder nicht.

»Wir wollen die Schneeflocken zählen, die da auf den alten, dicken Ast fallen«, sagte der Hase. »Da wird man ja sehen, ob eine Schneeflocke Gewicht hat.«

Der Bär und der Wolf lachten so laut, dass es durch den ganzen Wald schallte. Aber weil sie gerade nichts Besseres zu tun hatten, zählten sie mit: Eins ... zwei ... drei ... vier ... fünf ... sechs ... sieben ... Als sie bei zweitausendachthundertsiebenundsechzig angekommen waren, sagte es plötzlich »Krach!« und der dicke, mächtige Ast brach ab.

»Der Hase hat recht«, knurrte der Wolf und sogar der Bär wunderte sich über die Kraft der Schneeflocken.

Gedicht über einen Herbsttag, der morgens um zehn genauso aussieht wie nachmittags um fünf

Ein letzter Apfel
liegt am Weg.
Die Krähen schreien.
Die Schlehen nicht.

Der Tag ist wie
ein müdes Huhn
und trotzdem Grund
für dies Gedicht.

Plötzliche Flaggenhissung im Kirschbaum

oder: Wie Heinrich zu einer Windhose kam

Schon war er weg,
der Wirbelwind.
Doch im Kirschbaum hängt
eine neue Fahne:
Nachbars Hose.

Kohlrabenschwarz auf ewiglich

Die Welt ist weiß, von Schnee so weiß,
und auf dem See das Eis knarrt leis.
Nur einer steht da nah am Eis,
der manches etwas besser weiß.

Die Welt ist weiß, nur ich bin's nicht!
Der Rabe schreit's ins Abendlicht.
Die Welt ist weiß, doch was bin ich?
Kohlrabenschwarz auf ewiglich.

Dann zog er seine Schlittschuh an.
Stand auf und reckte sich und dann …
Dann lief er heim ganz ohne Schnaufen,
grad so, wie Raben Schlittschuh laufen.

Die Geschichte vom Schnee-See

Hoch oben in den Bergen gab es einen See, der war ganz
voll mit Schnee und deshalb hieß er der

SCHNEE-SEE.

Mitten in dem See war eine Insel, die

SCHNEE-SEE-INSEL.

Und auf der Insel stand eine große alte Eiche, die

SCHNEE-SEE-INSEL-EICHE.

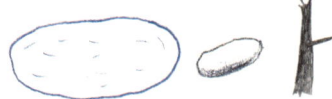

Die Eiche hatte nur einen einzigen Ast, den

SCHNEE-SEE-INSEL-EICHEN-AST.

Und auf dem Ast hockte tagein, tagaus ein großer
schwarzer Rabe. Das war der

SCHNEE-SEE-INSEL-EICHEN-AST-RABE.

Manchmal schüttelte der Rabe seine

SCHNEE-SEE-INSEL-EICHEN-AST-RABEN-FLÜGEL

und flog eine Runde über den Schnee-See. Aber eines
Tages verlor er im Sturm eine Feder. Das war die

SCHNEE-SEE-INSEL-EICHEN-AST-RABEN-
FLÜGEL-FEDER.

Und der Sturm wehte die Feder hinunter ins Tal und da
fand sie ein Mann, der

SCHNEE-SEE-INSEL-EICHEN-AST-RABEN-
FLÜGEL-FEDER-FINDER.

Die Feder hatte eine wunderschöne Farbe und glänzte
blauschwarz in der Sonne und der Mann schenkte die
Feder seiner Frau. Das war die

SCHNEE-SEE-INSEL-EICHEN-AST-RABEN-
FLÜGEL-FEDER-FINDER-FRAU.

Die Frau wünschte sich ein Kleid, das so schön sein
würde wie die Farbe der Rabenfeder. Der Rabe aber saß
unterdessen traurig auf seinem Ast und hatte keine Lust
mehr zu fliegen. Die Frau aber wünschte sich ein

SCHNEE-SEE-INSEL-EICHEN-AST-RABEN-
FLÜGEL-FEDER-FINDER-FRAUEN-KLEID.

»Aber dazu brauchst du Farbe«, sagte der Mann, »und die gibt es bei uns nur in Dosen. Du brauchst eine Dose mit

SCHNEE-SEE-INSEL-EICHEN-AST-RABEN-
FLÜGEL-FEDER-FINDER-FRAUEN-KLEIDER-
FARBE.«

Da lief die Frau ins Kaufhaus.
Die Verkäuferin fragte: »Was möchten Sie bitte?«
Die Frau sagte: »Ich möchte nur eine

SCHNEE-SEE-INSEL-EICHEN-AST-RABEN-
FLÜGEL-FEDER-FINDER-FRAUEN-KLEIDER-
FARBEN-DOSE.«

»Wie bitte?«, fragte die Verkäuferin.
»Ich möchte gern eine

SCHNEE-SEE-INSEL-EICHEN-AST-RABEN-
FLÜGEL-FEDER-FINDER-FRAUEN-KLEIDER-
FARBEN-DOSE«,

sagte die Frau.

»Wir führen keine
SCHNÖSEL-PINSEL-EICHEN-
QUAST-DINGSBUMS-DOSE«,
sagte die Verkäuferin.

Plötzlich hörte die Frau neben sich ein heiseres Husten
und da stand ein Männlein, das kramte einen eigenarti-
gen Dosendeckel aus seinem langen schwarzen Umhang.

»Was ist das?«, fragte die Frau.

»Das ist der einzige und echte
SCHNEE-SEE-INSEL-EICHEN-AST-RABEN-
FLÜGEL-FEDER-FINDER-FRAUEN-KLEIDER-
FARBEN-DOSEN-DECKEL«,

sagte das Männlein. »Und du kannst auch die Dose dazu
haben, wenn du mir dafür die Rabenfeder gibst. Du
brauchst nur noch das Pulver auf ein ganz gewöhnliches
Kleid zu streuen und du hast das schönste
SCHNEE-SEE-INSEL-EICHEN-AST-RABEN-
FLÜGEL-FEDER-FINDER-FRAUEN-KLEID.«

Die Frau gab ihm die Feder und streute das Pulver über
ein altes Kleid, das sofort schwarzblau zu glänzen anfing.

Am nächsten Morgen schien die Sonne so schön wie noch nie. Auch oben am Schnee-See. Aber der Ast, auf dem der Rabe immer gesessen hatte, war leer. Und die Sonne schien immer, immer wärmer und taute den ganzen schönen weißen Schnee weg. Und sie schien immer weiter, bis der ganze See nicht größer war als ein SCHNEE-SEE-INSEL-EICHEN-AST-RABEN-FLÜGEL-FEDER-FINDER-FRAUEN-KLEIDER-FARBEN-DOSEN-DECKEL.

Verse vom Schenken

Haste was, biste was!
Biste nix, haste nix.
Schenkste was, biste König,
biste geizig, schenkste wenig.

Schenkste was
im Licht der Kerzen:
Das tut gut,
kommt es von Herzen.

Selbst was schenken,
das macht froh,
selbst was kriegen
sowieso.

Schenkste was,
denkste was,
schenkste etwas viel zu fix,
denkste nix.

Kriegste dies,
willste das,
kriegste nix,
macht's keinen Spaß.

Kannst es riechen,
kannst es sehn.

Kannst es fühlen?
Oh, wie schön.

Zu viel kriegen
bringt Verdruss.
Mit der Schenkerei
ist Schluss.

Schluss mit Schenken.
Aus der Traum.
Aber sag das nicht zu laut …
Er nadelt schon, der Weihnachtsbaum!

Gedicht für den allerkürzesten Tag des Jahres

Im Kinderfunkton vorzutragen

Nun,
liebe Kinder,
aufgewacht!
Wir wünschen
eine gute Nacht!

Liegevers

Liegen, liegen,
einfach nur liegen.
Seliges Dösen
weit weg von hier.
Da wird die Maus zum Murmeltier.

Wir lassen uns liegen!

Zum Gähnen

Das Gras ist weich,
die Welt ist weit,
oh, mittagsmüde Schläfrigkeit.
Das Gras ist weich,
die Welt ist weit.
Die Katze schnurrt und ich hab Zeit.
Das Gras ist weich,
die Welt ist weit.
Die Biene summt. Kein Vogel schreit.
Das Gras ist weich,
die Welt ist weit.
Oh, schläfrige Glückseligkeit.

Das Gras ist weich, die Welt ist weit.
Jetzt hab ich nur zum Träumen Zeit.
Das Gras ist weich,
die Welt ist weit.
Pssst, keinen Ton,
ich schlafe schon.

Die Tiere sind traurig

Die Tiere sind traurig,
denn eins ist gestorben.
Das flog doch sonst fröhlich
am Himmel herum.

Die Tiere sind traurig,
denn eins liegt am Boden,
wird nie wieder fliegen
und alle sind still.

Der Vogel lässt Federn,
der Baum seine Blätter.
Die Tiere sind traurig
und alle sind still.

Lied der Eule

Ich gehe abends auf die Reise
und fliege meine sanften Kreise
und weiß sehr viel und bin doch leise,
drum bin ich auch die alte weise
Eule, die drin kundig ist,
was man am hellen Tag vergisst.

Einschlafen

Eine Mäusegeschichte

Am nächsten Morgen gähnt Kabutzke ausgiebig.

»Jetzt muss ich einmal gut ausschlafen«, sagt er.

»Und zum guten Ausschlafen gehört erst einmal das gute Einschlafen«, sagt Luzi, »aber das nur nebenbei.«

»Von wegen ›nebenbei‹«, sagt Kabutzke.

Kabutzke hat nämlich ein Problem.

Ein echtes Kabutzke-Problem.

»Mein Bett ist so schön weich und so schön groß und so schön breit und trotzdem kann ich nicht einschlafen. Verflixt noch mal!«

Kabutzke ist unzufrieden.

»Einschlafen ist doch einfach«, sagt Luzi. »Du musst richtig müde sein. Dann die Bettdecke bis zum Kinn hochgezogen, die Augen zugemacht, klipp klapp, und dann:

Schnorchel Schnorchel ratz, ratz, ratz,
guter Schlaf, das ist ein Schatz!«

»Aber bei mir klappt das nicht«, sagt Kabutzke.

»Erst denke ich an dies.
Dann denke ich an das.
Dann denke ich an dies und das.
Dann denke ich an das und dies.
Dann habe ich ein Diesdas im Kopf
und dann ein Dasdies.
Dann bin ich ganz verdieselt und verdaselt
und schließlich ganz dieselig und daselig.
Wie soll ich denn da einschlafen?«

»Also fragen wir jemand, der das besser weiß als wir. Wir finden schon jemanden«, sagt Luzi. Aber sie finden niemanden.

Nachbar Hase ist nicht zu Hause.

Die Straße ist leer und auf der Wiese steht nicht einmal die Kuh.

Da laufen sie in den Wald und hören plötzlich – am hell-lichten Mittag – ein lautes Schnarchen, Rüssel rauf und Rüssel runter. Das Schnarchen kommt hinter einem dicken Baum hervor. Plötzlich ruft Luzi:

»Spring zur Seite, Kabutzke!«

Und da – Bruch zack! – kracht der Baum auch schon

um und Olli Ollotombo, der große, dicke Elefant, kullert an ihnen vorbei, rollt durch den Wald und über die Wiese und landet mitten im Radieschenbeet.

Kabutzke und Luzi laufen hinterher, so schnell sie können. Olli Ollotombo berappelt sich und steht wieder auf seinen vier Beinen.

»Karamba«, sagt er, »so ein Mittagsschlaf kann gefährlich sein. Dabei bin ich so schön eingeschlafen.«

Kabutzke wird hellhörig.

»Wie machst du das, einschlafen am hellen Mittag?«

»Erst mal muss der Baum, an den ich mich lehne, etwas aushalten und darf nicht gleich umkrachen. Und dann – bitsch, batsch – die Ohren über die Augen geklappt, dass es angenehm dunkel wird. Dann kommt er auch schon, der gute, ruhige Mittagsschlaf.«

»Danke für die Auskunft«, will Kabutzke gerade sagen, da ertönt vom Bach eine schrille Stimme:

»Zu Hilfe, zu Hilfe, ich ertrinke, zu Hilfe, zu Hilfe!«

Kabutzke und Luzi laufen schnell in die Richtung, aus der die Stimme kommt.

Da sitzt Wule Waschbär pitschnass am Ufer des Baches und schnauft:

»Nie wieder lege ich mich ans Bachufer zum Schlafen. Zuerst murmelt der Bach, bis man schläfrig wird, doch kaum rolle ich im Traum ein wenig hin und her – patsch! –, liege ich im Wasser und bin knallwach. Aber heute Abend«, sagt Wule Waschbär, »heute Abend schlafe ich wieder im Trockenen.«

»Und schläfst du dann wirklich auch gleich ein?«, fragt Kabutzke.

»Heute bestimmt, sonst helfe ich nach.«

»Wie machst du das, nachhelfen?«

»Dann lasse ich mir von einem alten waschechten Waschbärenzauberspruch helfen.«

Wule Waschbär schüttelt seine Finger, dass die Tropfen fliegen. Er reibt sich geschmeidig die Hände warm und sagt:

»Hände kneten,
Däumchen drehen,
Füße kneten,
weitersehen.«

»Füße kneten ist vielleicht etwas umständlich«, meint Kabutzke.

»I wo«, sagt Wule Waschbär. »Es muss nur jemand da sein, der einem die Füße knetet, dann schläft man hinterher wunderbar ein.«

»Ich muss schon ohne Kneten langsam gähnen«, sagt Luzi, »und es wird auch dämmrig. Wenn es dunkel wird, dürfen wir nicht allein im Wald bleiben. Und wie wir gut einschlafen können, wissen wir jetzt.«

Als es noch dunkler wird, machen sie sich auf den Heimweg. Und wer kommt da durch die Dämmerung angeflogen? Die Eule! Die begleitet sie nach Hause und singt ihnen dabei ein Gute-Nacht-Heimweg-Lied. Und das geht so:

»Nichts Schöneres kannst du
auf Erden kriegen,
als unter den Sternen
dahinzufliegen.
Schuhu, schuhu,
alles braucht Ruh,
nur ich, ich fliege
immerzu.
Keine Angst vor der Nacht,
was die Nacht mit dir macht.
Schuhu, schuhu,
alles braucht Ruh,
nur ich, ich fliege
immerzu.
Ich fliege dahin
mit sanftem Flügel
und bring euch nach Haus
über Tal und Hügel.

Schuhu, schuhu,
alles braucht Ruh,
nur ich, ich fliege
immerzu.«

Kabutzke und Luzi schaffen es gerade noch so, nach Hause zu kommen. Und Kabutzke sagt gleich:

»Wir kneten uns noch ein wenig die Füße nach Waschbärenart. Mit warmen Füßen kann man gut ins Traumland gehen.«

Gedicht vom Einschlafen

Ich denk an dies
und denk an das.
Da ist was trocken,
ist was nass.
Ich denk nach da
und denk nach dort.
Ich denk mich her,
ich denk mich fort.
Ich denke so.
Ich denke sehr
und merk,
das Einschlafen wird schwer …
Doch endlich
sind die Gedanken zu Haus
und ruhen sich vom Denken aus.
Haben genug von all der Hetze
und schon verschwimmen Worte und Sätze.
Und andres kommt.
Ist das von mir?
Auf alle Fälle ist es hier.

Was soll's? Es zieht ja doch vorbei
und alles wird so einerlei,
so durcheinander sanft und groß,
und nichts mehr fest und alles los ...
Ich folge stillen weißen Schafen
und bin ganz selig einge...
(Hörst du mich atmen?)

Mond, Mond

Mond, Mond,
bring uns dein Licht.
Mond, Mond,
zeig dein Gesicht.

Mond, Mond,
komm doch hervor,
Mond, Mond,
steige empor.

Mond, Mond, jetzt bist du da.
Mond, Mond, so rund und klar.
Mond, Mond, bring uns dein Licht.
Mond, Mond, zeig dein Gesicht.

Das Abendwolkenschaf

Das Abendwolkenschaf
schaut weithin übers Land.
Es lockt den Abend an
vom letzten Himmelsrand.

Das Abendwolkenschaf
steht oben auf dem Deich.
Wenn es nach Hause geht,
dann dunkelt es sogleich.

Das Abendwolkenschaf,
weiß niemand, wo es wohnt,
doch wenn es geht, erscheint
der gute, stille Mond.

Editorische Notiz

Viele der hier versammelten Texte von Fredrik Vahle sind bereits Klassiker. Die folgenden Geschichten und Gedichte sind Originalbeiträge für den Band *Ich und du und der Drache Fu*:

Bauchstreichelreim
Biene, Mensch und Meister Specht
Das Wunder
Die vier getupften Teufelchen
Eine H-wie-Hauch-Geschichte
Faul sein
Frühlingsboten
Gedicht vom Einschlafen
Heini Hupfer
Herbst
Käfer und Fliege
Kleine Krabbenkrabbelgeschichte
Klitzekleine Krabbelkäfer
Kung Fu und Tu Tsie
Lilli Linse
Manche Gedichte
Manni Mutius
Mond, Mond
Papa Pepe Piepenpepper
Papa, was ist das?
Runkelrübenruppmaschinenreim
Schnickelschnick, der kleine Schneck
Schnurre, Katze
Spiegel
Tag und Nacht
Vorfrühlingsmusik
Weiß der weiße Besserwisser
Welle-Wulle-Walle-Wolle
Werweißwo